小生意大智慧

新创企业
管理培训
中心

组织编写

小而美的生意

U0319630

洗车店

化学工业出版社

·北京·

内容简介

《小而美的生意·洗车店》一书系统梳理了开设一家洗车店的各个环节，旨在为新创业者提供全面的指导和参考。从经营前的市场分析到经营中的问题解决，再到经营后的策略调整，本书将帮助创业者迅速从入门到精通，轻松打造属于自己的、独具特色的小门店。

本书内容丰富，具体包括市场分析与定位、门店选址与装修、设备配置与采购、开业筹备与宣传、洗车作业与服务、创新服务与探索、安全管理与环保、全面营销与推广、客户管理与维护、团队建设与管理、风险识别与防范、持续发展与扩张等。

本书实用性强，着重突出可操作性，是一本非常实用的开店指导手册和入门工具书；本书文字图表化，简化了阅读难度，提升了阅读效率。本书适合创业者、上班族，以及对开店感兴趣的读者阅读，可以让读者快速掌握开店知识。

图书在版编目（CIP）数据

小而美的生意．洗车店 / 新创企业管理培训中心组织
编写． -- 北京 ：化学工业出版社，2024. 9. --（小生
意大智慧）． -- ISBN 978-7-122-45895-7

Ⅰ. F717.5

中国国家版本馆 CIP 数据核字第 20243UB989 号

责任编辑：陈　蕾　　　　　　　装帧设计：溢思视觉设计／程超
责任校对：边　涛　　　　　　　E-mail: isstudio@126.com

出版发行：化学工业出版社（北京市东城区青年湖南街 13 号　邮政编码 100011）
印　　装：三河市双峰印刷装订有限公司
880mm×1230mm　1/32　印张 6¼　字数 143 千字
2024 年 9 月北京第 1 版第 1 次印刷

购书咨询：010-64518888
售后服务：010-64518899
网　　址：http://www.cip.com.cn
凡购买本书，如有缺损质量问题，本社销售中心负责调换。

定　　价：39.80 元

开家小店，投资小，见效快！

在电子商务蓬勃发展的今天，小而美的生意模式既适合实体店运营，也能轻松拓展至线上平台，成为年轻人投资创业的热门选择。此类项目以其投资少、回报高的特点，备受青睐。

小而美的生意模式，顾名思义，就是投资成本相对较低，风险较小，且经营方式灵活多变。这种模式对启动资金要求不高，降低了创业门槛，使更多人有机会参与其中。同时，由于专注于某一细分市场或特定需求，它们的市场风险相对较低。经营者可根据市场变化灵活调整经营策略，保持业务的灵活性。虽然规模较小，但通过精细化的管理和优质的服务，这类小店往往能实现稳定的收益，并在激烈的市场竞争中脱颖而出。

然而，经营小而美的生意并非易事，需要创业者具备敏锐的市场洞察力、创新精神和卓越的管理能力。这些能力并非人人天生具备，但通过学习和实践，每个人都可以逐渐掌握。

为此，我们特别组织了一线从业人员和培训老师，编写了《小而美的生意·洗车店》一书，本书系统梳理了开设一家洗车店的各个环节，旨在为新创业者提供全面的指导和参考。从经营前的市场分析到经营中的问题

解决，再到经营后的策略调整，本书将帮助创业者迅速从入门到精通，轻松打造属于自己的、独具特色的小门店。

本书内容丰富，具体包括市场分析与定位、门店选址与装修、设备配置与采购、开业筹备与宣传、洗车作业与服务、创新服务与探索、安全管理与环保、全面营销与推广、客户管理与维护、团队建设与管理、风险识别与防范、持续发展与扩张等。

本书实用性强，着重突出可操作性，是一本非常实用的开店指导手册和入门工具书；本书文字图表化，简化了阅读难度，提升了阅读效率。本书适合创业者、上班族，以及对开店感兴趣的读者阅读，可以让读者快速掌握开店知识。

由于作者水平所限，不足之处敬请读者指正。

编　者

目录

◇◇◇◇◇◇◇◇◇◇◇◇◇◇◇◇◇◇◇◇◇◇◇◇◇◇◇

第12章　持续发展与扩张　／ 175

第 1 章

市场分析与定位

关键词：
细分市场
科学分析
精准定位

洗车店开店前的市场分析是一个全面而细致的过程，需要对目标市场、竞争对手、消费者需求等多个方面进行深入了解和分析。通过市场分析，可以为洗车店的开业制定更为精准的市场定位和营销策略，提升店铺的竞争力和市场占有率。

🔍📝 【要点解读】▶▶▶ - - - - - - - - - - - - - - - - - - -

1 行业现状解读：洞察洗车，趋势预判

随着我国经济水平的持续提升，汽车消费成为国内部分家庭的刚需消费，一定程度上提升了我国私家车规模。民用汽车保有量持续提升，带动我国洗车等汽车服务市场发展。据统计，2022年我国民用汽车保有量达到31190万辆，2023年进一步提升至33618万辆，同比增长7.78%。

1.1　行业分类

洗车行业是指专门提供汽车清洁、护理和维护服务的产业。洗车行业通过为汽车提供外部清洁、内部清洁、抛光、打蜡、底盘保养等服务，帮助汽车保持良好的外观和状态。

1.2　洗车模式

当前市场主要存在4种洗车模式：门店人工手洗、门店机洗、自助洗车、无人洗车。门店人工手洗和门店机洗都属于传统洗车模式，收费偏高、排队等候时间较长，夜间不开放，租金和人工成本高。自助洗车和无人洗车在国内都属于新型的共享洗车方式，它们最大的特点就是无专人值守，大大降低了运营成本，还能24小时提供洗车服务，车主体验得到很大的改善。但自助洗车需要车主利用高压水枪自行清洗，车主操作要求较高，风干耗时较长和风干效果较差等都是自助洗车目前存在的不足。几种洗车模式对比如表1-1所示。

表1-1　几种洗车模式对比

模式	门店人工手洗	门店机洗	自助洗车	无人洗车
运营成本	高	高	低	低
洗车价格	高	高	低	低
洗车用时	慢	快	慢	特快
车主操作要求	低	低	高	低

1.3　竞争格局

随着我国汽车保有量持续增长，洗车行业成为我国服务领域中的一个重要板块。由于洗车行业进入门槛较低，除了专业的汽车美容公司以外，还存在大量家庭作坊式企业。在"互联网＋"商业模式逐渐渗透下，2014年开始，O2O模式开始席卷我国汽车后市场领域，产生了借助第三方平台将车主车行有机连接的新型模式。e洗车、养车点点、快洗车、洗爱车、赶集易洗车等App相继上市，产品服务不断更新，洗车行业逐渐从传统的模式变更为线上线下相结合的模式。目前市场上涌现出小雨嘀嗒、车海洋、车便捷等一批角逐者，无人智能或自助洗车市场风口下，竞争格局趋于激烈。据相关数据，截至2023年底，我国洗车行业相关企业数量达到93.78万家，其中，华东地区作为国内民用汽车拥有量最多的区域，洗车企业占比约为34%。

1.4　发展趋势

我国洗车行业的发展趋势可从表1-2所示的几个方面来分析。

表1-2　洗车行业的发展趋势

序号	发展趋势	具体说明
1	环保化	随着环保意识的普及，人们对洗车过程中的化学物质和水资源消耗的关注度增加。因此，越来越多的洗车店开始引入环保洗车技术，以减少对水资源的消耗，并使用环保洗涤剂以减少对环境的影响
2	移动化	随着移动互联网的发展和人们生活节奏的加快，移动洗车服务逐渐成为洗车行业的发展趋势。顾客可以通过手机应用程序预约洗车服务，无需前往洗车店，洗车人员会上

序号	发展趋势	具体说明
2	移动化	门提供洗车服务。这种方式省去了顾客排队等候的时间，并提供了更加便利的洗车体验
3	专业化	随着消费者对汽车美容养护理念的不断提升，行业标准逐步完善，洗车美容行业正朝着规范化、专业化方向发展。洗车店需要不断提高服务质量和专业技术水平，提供更加专业化的服务
4	品牌化	随着市场竞争的加剧，品牌化将成为洗车行业的重要趋势。洗车店需要建立自己的品牌，提高品牌知名度和美誉度，通过品牌优势来吸引更多的消费者
5	智能化	随着科技的进步，智能化将成为洗车行业的发展趋势。洗车店可以引进智能设备和自动化技术，提高服务效率和质量，降低人工成本
6	综合化	为了满足消费者多样化的需求，洗车店可以提供更加综合的服务，如汽车美容、车内清洁、发动机清洗等。通过提供综合服务，提高消费者的满意度和忠诚度
7	社区化	可以在社区内开设洗车店，为社区居民提供更加便利的服务。同时，可以与社区内的其他商业设施合作，共同打造社区服务生态圈

2 目标市场锁定：精准定位，策略先行

洗车店开店前的市场分析，其核心部分在于对目标市场的深入剖析。目标市场是洗车店经营策略制定的基础，通过深入了解目标市场的各个方面，可以为洗车店的经营策略制定提供有力的支持，具体如表1-3所示。

表1-3　目标市场分析

序号	分析要点	具体说明
1	地理位置与人口统计	（1）确定服务区域：明确你的洗车店将服务于哪个具体的地理区域，可能是一个小区、一个城市的部分区域，或者某个更广泛的地区 （2）人口统计：了解该区域的人口数量、年龄分布、性别比例、收入水平、职业分布等。这些信息可以帮助你确定目标客户群体和他们的消费习惯
2	汽车保有量与类型	（1）汽车保有量：了解该区域的汽车保有量，包括私家车、商用车等的数量，这将直接影响你的潜在客户数量 （2）车辆类型：分析车辆类型，了解哪种类型的车辆在该区域更为普遍。例如，如果该地区有很多豪华车，那么你可能需要提供更高档的洗车服务
3	竞争环境	（1）竞争对手分析：了解你的竞争对手是谁，他们的优势、劣势、价格策略以及市场份额等，这将帮助你找到自己的市场定位 （2）差异化策略：根据竞争对手的情况，制定你的差异化策略，以便在市场中脱颖而出
4	市场趋势与机会	（1）技术趋势：关注洗车行业的技术发展，如自动洗车机、环保洗车技术等，这些新技术可能会带来新的市场机会 （2）消费者趋势：了解消费者的最新趋势和偏好，如对于环保、个性化服务等的需求

3　消费需求洞察：把握心理，满足需求

在开设洗车店之前，进行客户需求分析有助于了解潜在客户的期望、偏好和需求，从而为洗车店设计合适的服务、定价和营销策略。具体分析要点如表1-4所示。

表1-4　消费者需求分析

序号	分析要点	具体说明
1	确定目标客户群体	确定洗车店将服务于哪些类型的客户群体。这可能包括私家车车主、商用车车主等。考虑他们的年龄、职业、收入水平、地理位置等因素，以便更好地了解他们的需求和消费习惯
2	洗车频率和类型	了解客户洗车的频率，例如每周、每月或按需洗车。同时，询问他们更偏好哪种类型的洗车服务，如普通洗车、精洗、内饰清洁、车身打蜡等。这有助于你设计多样化的服务组合
3	价格敏感度	评估客户对洗车价格的敏感度。通过市场调研，了解竞争对手的定价策略以及目标客户对价格的接受程度。这有助于你制定合理的价格策略，确保洗车店在价格上具有竞争力
4	服务质量和速度	了解客户对洗车服务质量和速度的要求。他们是否更看重服务的细致程度、使用的产品质量，还是更关注服务的速度和便利性。这有助于你优化服务流程，提高客户满意度
5	环保和可持续性	随着人们环保意识的提高，客户对环保和可持续性问题的关注也在增加。了解客户是否更倾向于选择环保的洗车方法和产品，以便在洗车店中融入环保元素
6	附加服务需求	除了基本的洗车服务外，了解客户是否对其他附加服务有需求，如汽车美容、轮胎更换、玻璃修复等。这有助于你拓展业务范围，提高洗车店的盈利能力
7	便利性和位置	评估客户对洗车店位置的偏好和便利性要求。他们是更倾向于选择离家或公司较近的地方洗车，还是更注重交通便利性。这有助于你选择合适的经营地点

4 竞争对手分析：知己知彼，百战不殆

洗车店在开店前进行竞争对手分析有助于了解市场环境、定位自身优势和劣势，以及制定有针对性的营销策略。

4.1 确定竞争对手

首先，需要确定哪些洗车店是你的直接或间接竞争对手。直接竞争对手通常是在同一地区提供类似洗车服务的店铺，而间接竞争对手可能包括自助洗车机、加油站提供的洗车服务等。

4.2 收集竞争对手信息

（1）位置与布局。了解竞争对手的地理位置、店面大小、布局等，以评估其对顾客的吸引力。

（2）服务项目与价格。详细列出竞争对手提供的服务项目、价格策略以及是否有促销活动。

（3）服务质量。通过顾客评价、社交媒体反馈等方式了解竞争对手的服务质量。

（4）技术水平。观察竞争对手使用的洗车设备、技术水平和洗车流程。

4.3 分析竞争对手优势与劣势

（1）优势。分析竞争对手在价格、服务、位置、技术等方面的优势。

（2）劣势。识别竞争对手可能存在的服务质量不稳定、价格不透明、设备陈旧等劣势。

4.4　分析竞争对手的市场策略

（1）营销策略。了解竞争对手的营销策略，如广告投放、促销活动等，并评估其效果。

（2）品牌建设。观察竞争对手的品牌形象和知名度，以及他们如何塑造品牌形象。

（3）顾客关系管理。了解竞争对手如何处理顾客反馈和投诉，以及他们如何建立和维护顾客关系。

4.5　评估竞争对手的财务状况

如果可能的话，尝试了解竞争对手的财务状况，如营业额、利润率等。这将有助于你判断竞争对手的经营状况和市场竞争力。

4.6　预测竞争对手的未来动向

根据竞争对手的历史数据和当前趋势，预测他们未来的动向和发展方向。这有助于你提前做好准备，应对潜在的竞争压力。

4.7　制定自身策略

根据对竞争对手的分析，制定自身的经营策略和营销计划。确保你的洗车店在价格、服务、技术等方面具有竞争力，并能够满足顾客的需求和偏好。

4.8 持续监测与调整

开店后，持续监测竞争对手的动态和市场变化，并根据实际情况调整自身的经营策略和营销计划。保持灵活性和适应性是应对竞争的关键。

5 客群细分研究：精准画像，服务升级

洗车店在开店前进行目标客群定位有助于确定店铺的装修风格、服务内容、营销策略以及定价策略等。

5.1 确定核心目标客群

首先，你需要明确你的洗车店主要服务于哪一类或几类人群。例如，你的目标客群可能是普通私家车主、商用车司机、高端车车主等。根据洗车店的定位和所在区域，选择最有可能成为主要客户的人群作为核心目标客群。

5.2 分析目标客群特征

对确定的目标客群特征进行如表1-5所示的分析。

表1-5 目标客群特征分析

序号	分析要点	具体说明
1	年龄	了解目标客群的主要年龄段，例如年轻人、中年人还是老年人。不同年龄段的人对洗车服务的需求和偏好可能有所不同

序号	分析要点	具体说明
2	性别	分析目标客群的性别比例，有助于了解男性和女性对洗车服务的不同需求和偏好
3	车辆类型	了解目标客群主要拥有的车辆类型，如普通私家车、商用车、豪华车等。这将有助于你确定服务项目和定价策略
4	品牌偏好	分析目标客群对车辆品牌的偏好，有助于你了解他们的消费水平和审美观念，从而提供更加个性化的服务
5	收入水平	了解目标客群的平均收入水平，有助于你确定服务项目的定价范围
6	消费能力	分析目标客群的消费习惯和消费能力，包括他们对洗车服务的频率、期望的服务质量和价格敏感度等方面的需求
7	地理位置	分析店铺所在地区的潜在客户分布，了解他们的居住区域、工作场所等，有助于你确定宣传和推广策略
8	出行习惯	了解目标客群的出行方式和频率，如是否经常驾车出行、是否经常参加商务活动等，有助于你判断他们对洗车服务的需求程度
9	洗车频率	了解目标客群对洗车频率的需求，有助于你安排洗车设备和人员，以满足客户需求
10	服务项目需求	分析目标客群对洗车服务项目的需求，如是否需要打蜡、抛光等增值服务，有助于你设计服务内容和定价策略
11	服务质量和环境要求	了解目标客群对洗车店的服务质量和环境要求，如服务态度、店内环境等，有助于你提升服务质量和客户体验
12	时间偏好	了解目标客群在洗车时间上的偏好，如是喜欢在工作日还是周末洗车，有助于你安排营业时间和服务人员
13	信息获取渠道	分析目标客群获取洗车店信息的主要渠道，如社交媒体、口碑推荐等，有助于你制定宣传和推广策略

6 服务内容定位：专业洗车，细致服务

根据目标客群的特征和需求，确定洗车店提供的服务项目。例如，如果目标客群主要是高端车车主，你可以考虑提供打蜡、抛光、镀晶等增值服务；如果目标客群主要是年轻人，你可以注重提供快速、便捷的洗车服务。

洗车店常见的服务项目主要有表1-6所示的几类。

表1-6　洗车店常见的服务项目

序号	服务项目	具体说明
1	基础洗车服务	这是洗车店最基础的服务项目，包括车身外部清洗、轮胎和轮毂清洗、车窗和天窗清洗等。确保使用高质量的洗车液和工具，以及专业的洗车技术，为客户提供满意的洗车体验
2	内饰清洁服务	清洗汽车内部，包括座椅、地毯（或脚垫）、仪表盘、方向盘、音响系统等。使用专业的内饰清洁剂，彻底去除污渍和异味，让车内环境焕然一新
3	车身美容服务	提供车身打蜡、抛光、封釉等服务，以增加车身的光泽度并保护漆面。这些服务可以根据客户的需求和车辆状况进行个性化定制
4	特殊清洁服务	针对一些特殊污渍或难以清洗的部位，如发动机舱、底盘、车漆上的划痕等，提供特殊的清洁和修复服务。这些服务可以增加洗车店的竞争力和客户满意度
5	增值服务	考虑提供一些增值服务来吸引客户，如上门洗车服务、夜间洗车服务、快速洗车服务等。这些服务可以满足客户的特殊需求，并增加店铺的营业额
6	附加产品销售	除了洗车服务外，还可以考虑销售一些与洗车相关的产品，如车蜡、清洗剂、洗车工具等。这些产品可以增加店铺的收入，并为客户提供更全面的服务

7 价格策略规划：价值定价，实现双赢

根据目标客户群体的消费能力和价格敏感度，制定合理的价格策略。可以根据服务内容的不同设置不同的价格档次，同时提供会员优惠、套餐优惠等促销方式，吸引客户并提高客户黏性。

8 品牌形象塑造：特色明显，品牌卓越

品牌形象可以基于目标客户群体的喜好和店铺的定位来决定。例如，如果你的目标客户群体是注重品质的中产阶级，那么你的品牌形象应该是专业、高效、环保的。在店铺装修、员工着装、服务流程等方面都要体现出这种品牌形象。

9 营销策略制定：多元推广，效果为王

根据目标客户群体的特点和市场需求，制定有针对性的营销策略。可以利用社交媒体、口碑营销、合作营销等方式进行宣传和推广，提高店铺的知名度和曝光率。

案例分享

张先生是一位有着多年汽车行业从业经验的创业者，他看到了洗车服务市场的巨大潜力，决定开设一家专业的洗车店。为了确保店铺的成功运营，张先生在开店前进行了深入的市场调查和定位。

1.市场调查

（1）目标客户群体分析。张先生首先分析了所在社区和周边地区的居民构成，发现私家车数量众多，且以中产阶级家庭为主。他们注重生活质量，对车辆的外观和内饰都有较高的要求。此外，周边还有几家大型企业，商务用车需求也较为旺盛。

（2）竞争对手分析。张先生对周边的洗车店进行了调研，发现大部分洗车店提供的是基础洗车服务，且价格相差不大。然而，在服务质量、洗车技术和客户体验方面，这些店铺普遍存在不足。张先生看到了机会，决定在服务质量和技术方面下功夫，以区别于竞争对手。

（3）客户需求调查。为了更准确地了解客户的需求，张先生通过问卷调查、访谈和社交媒体等渠道收集了客户的反馈。结果显示，客户对洗车服务的需求主要包括以下几个方面。

★ 高效快捷的洗车体验；

★ 专业的洗车技术和优质的洗车液；

★ 细致的内饰清洁服务；

★ 环保节能的洗车方式；

★ 合理的价格和优惠活动。

2.市场定位

基于市场调查的结果，张先生对洗车店进行了以下市场定位。

（1）目标客户群体。主要服务于私家车车主和商务用车司机，特别是注重车辆外观和内饰的中产阶级家庭和大型企业客户。

（2）服务内容。提供全面、专业的洗车服务，包括基础洗车、内饰清洁、车身美容等。同时，根据客户需求提供上门洗车、夜间洗车等增值服务。

（3）价格策略。采用中等偏上的定价策略，确保优质服务质量的同时保持价格竞争力。同时，推出会员制度和优惠活动，吸引客户长期在店铺消费。

（4）品牌形象。打造专业、环保、高效的洗车品牌形象。在店铺装修、员工着装、服务流程等方面注重细节，提升客户体验。

（5）营销策略。利用社交媒体、口碑营销和合作营销等方式进行宣传推广。与周边企业建立合作关系，提供企业优惠洗车服务，拓展客户群体。

案例点评：

经过市场调查和定位，张先生的洗车店在开业后迅速获得了客户的认可和好评。优质的服务质量和专业的洗车技术吸引了大量回头客，店铺的营业额稳步增长。同时，通过合作营销和会员制度，张先生成功拓展了客户群体，为店铺的长期发展奠定了坚实基础。

第 2 章

门店选址与装修

正确的选址和优质的装修不仅可以为店铺带来稳定的客流和收益，还可以塑造出独特的品牌形象和服务特色，提升客户的满意度和忠诚度。因此，在开设洗车店时，一定要重视选址与装修这两个关键环节。

【要点解读】 ▶▶▶ -

1 选址因素考量：地段为王，人气汇聚

投资开店，第一步也是最重要的一步，就是选址，一个优越的地理位置，能为店铺的成功经营奠定坚实的基础。洗车店选址也是如此。洗车店的选址直接决定了店铺能够吸引到的客流量和潜在顾客数量，要想选个好的店铺地址，就需要考虑如表2-1所示的因素。

表2-1　洗车店选址需考虑的因素

序号	考虑因素	具体说明
1	车流量和交通便捷性	（1）选择在车流量较大的区域，如主干道、商业区或住宅区附近，能确保有足够的潜在客户 （2）交通便利性也非常重要，确保客户能方便地到达洗车店，例如拥有充足的停车位
2	目标市场和潜在客户	（1）确定目标客户群体，如附近居民、商业区工作人员或路过车辆司机，并根据他们的需求和习惯来选址 （2）调研周边地区的消费水平、人口结构、车辆保有量等信息，确保选址符合目标客户群的需求
3	竞争对手分析	（1）了解附近是否有其他洗车店，并分析其经营情况、服务项目和价格策略 （2）选择竞争对手相对较少或服务质量不高的区域，以减轻竞争压力
4	场地条件	（1）场地应足够宽敞，以容纳洗车设备和多辆待洗车辆 （2）地面应平整、防滑，便于车辆进出和停放 （3）考虑排水设施是否完善，确保洗车废水能够顺利排放
5	商业配套设施	（1）选择在商业配套设施完善的区域，如超市、餐馆、加油站等附近，能够吸引更多潜在客户 （2）周边有其他相关服务，如汽车维修、汽车美容等，能够形成协同效应，提升洗车店的知名度
6	政策法规	（1）了解当地政府对洗车行业的政策和规定，确保选址符合相关法规要求 （2）考虑环保、消防等方面的要求，确保店铺在运营过程中不会受到政策限制或处罚
7	租金成本	（1）根据店铺规模和预期收益，合理评估租金成本 （2）选择性价比高的场地，确保在经营过程中不会因租金过高而影响盈利能力
8	未来发展潜力	（1）考虑选址区域未来的发展规划和趋势，如城市规划、基础设施建设等 （2）选择具有发展潜力的区域，确保店铺在未来能够持续稳定地经营

2 店面外观打造：时尚醒目，吸引眼球

洗车店的店面外观设计是吸引客户的第一步，因此它应该与品牌形象相协调，同时考虑到吸引力和实用性，具体如表2-2所示。

表2-2 店面外观设计要点

序号	设计要点	具体说明
1	品牌标识与色彩	（1）在店面外观设计上，应突出展示品牌的标识和色彩。这有助于客户快速识别并记住你的店铺 （2）使用醒目的品牌色彩，确保在视觉上与其他洗车店区分开来
2	店面布局与尺寸	（1）根据店铺的实际尺寸和位置，合理安排店面布局，确保有足够的空间供车辆进出和停放 （2）如果条件允许，可以采用开放式设计，让客户在店外就能看到洗车过程，增加信任感
3	材质与照明	（1）选择耐用、易清洁的材质来装修店面外观，如玻璃、石材或金属等。这些材质不仅能抵抗洗车废水的侵蚀，还能保持外观的整洁和美观 （2）适当的照明设计可以提升店面的吸引力和品牌形象。可以在店门口设置照明灯箱或投光灯，确保夜间也能吸引客户的注意
4	招牌与广告牌	（1）制作醒目的招牌和广告牌，展示店铺的名称、服务项目和特色等。这有助于吸引路过的潜在客户 （2）招牌和广告牌的设计应与品牌形象相协调，采用统一的字体、色彩和图案等
5	环保与节能	（1）在店面外观设计中，可以考虑使用环保和节能的材料和设备，如使用节能灯、太阳能板等，减少能源消耗和环境污染 （2）可以在店面上展示环保标语或宣传海报，强调店铺的环保理念和行动

序号	设计要点	具体说明
6	客户体验	（1）在设计店面外观时，应考虑到客户的体验。例如，设置遮阳棚或雨棚，为客户提供遮阳避雨的地方；在店门口设置等候区，让客户在等待时能够感到舒适和方便 （2）可以考虑在店内设置一些互动元素，如触摸屏、LED显示屏等，展示店铺的服务项目、优惠活动等信息，增加客户的参与感和互动性

3 内部布局规划：合理分区，舒适体验

洗车店的内部布局应当考虑到效率、便利性和顾客体验，具体如表2-3所示。

表2-3 内部布局设计要点

序号	设计区域	设计要点
1	接待区	（1）接待区应位于店铺的显眼位置，方便客户一进门就能看到 （2）提供舒适的座椅、饮用水以及相关的宣传资料，让客户在等待时感到舒适和愉快 （3）设置收银台和客服台，以便快速完成付款和咨询业务
2	洗车区	（1）洗车区是店铺的核心区域，应确保有足够的空间容纳多辆车同时清洗 （2）根据店铺规模和业务需求，合理规划洗车工位，确保每个工位都有足够的空间供员工操作 （3）考虑设置废水回收和污水处理系统，以环保方式处理洗车废水

序号	设计区域	设计要点
3	擦车区	（1）擦车区应紧邻洗车区，以便员工在洗车后能迅速将车辆移至擦车区进行后续处理 （2）如果条件允许，可以设置自动擦车机或风干设备，以提高擦车效率
4	休息区	（1）休息区应设置在客户视线范围内，方便客户观察洗车过程 （2）提供舒适的座椅、电视、杂志等，让客户在等待时能够放松身心 （3）如有条件，可以设置儿童游乐区，方便带小孩的客户前来消费
5	储物区和仓库	（1）储物区和仓库应位于店铺后方或隐蔽位置，以确保店铺的整洁和美观 （2）储物区用于存放洗车用品、工具和备品备件等，应分类摆放、整齐有序 （3）仓库用于存放大量备用品和备用设备，应确保通风良好、防火防潮
6	员工区	（1）员工区应设有更衣室、洗手间和休息区等，为员工提供一个舒适便利的环境 （2）更衣室应提供储物柜和换鞋区，确保员工在工作时穿着整洁的制服和鞋子 （3）洗手间应保持清洁和卫生，为员工提供基本的生活设施 （4）休息区应提供舒适的座椅和饮用水，让员工在休息时能够放松身心

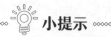 小提示

　　洗车店具体布局还需根据店铺面积、业务需求和客户需求进行调整。在规划内部布局时，应充分考虑客户体验、工作效率和安全性等因素。

4 材质选择考究：环保耐用，品质至上

洗车店在装修时，材质选择非常重要，因为它不仅关乎美观，还涉及耐用性、清洁性以及环保性。常用材质类型及适用范围如表2-4所示。

表2-4　材质选择

序号	材质类型	适用范围
1	地面材质	（1）环氧地坪：环氧地坪具有耐磨、防滑、易清洁等特点，非常适合洗车店这种经常需要清洗和保持干燥的场所。同时，环氧地坪色彩丰富，可以根据店铺风格进行定制 （2）瓷砖：瓷砖也是洗车店常用的地面材质，特别是防滑瓷砖。它同样具有耐磨、易清洁的特点，且价格相对适中 （3）橡胶地坪：橡胶地坪不仅耐磨、防滑，还具有吸音降噪的功能，可以为客户提供一个更舒适的等待环境
2	墙面材质	（1）瓷砖：瓷砖墙面易清洁、防潮防水效果好，非常适合洗车店的墙面装修。可以选择与地面材质相协调的瓷砖，以保持整体风格的统一 （2）金属板：金属板墙面具有防腐、防火、防潮等特点，且易于清洁。但需要注意的是，金属板墙面容易受到温度和湿度的影响，可能会产生变形或变色等问题 （3）防水涂料：对于预算有限的洗车店，可以选择使用防水涂料进行墙面装修。防水涂料价格相对便宜，施工简单，且同样具有防潮防水的功能
3	吊顶材质	（1）铝扣板：铝扣板吊顶具有防火、防潮、易清洁等特点，且安装方便。它适用于洗车店的吊顶装修，可以有效提升店铺的整体档次 （2）PVC板：PVC板吊顶同样具有防火、防潮、易清洁等特点，且价格相对较低。它可以根据需要进行拼接和切割，适用于各种吊顶造型

续表

序号	材质类型	适用范围
4	门窗材质	（1）铝合金门窗：铝合金门窗具有耐腐蚀、强度高、密封性好等特点，适用于洗车店的门窗装修。它们可以有效隔绝噪声和灰尘，提升店铺的舒适度和清洁度 （2）塑钢门窗：塑钢门窗同样具有耐腐蚀、保温隔热、隔音效果好等特点。它们的价格相对适中，是洗车店门窗装修的另一种选择

 小提示

在选择装修材料时，应尽量选择环保、无毒无害的材料。这有助于减少装修过程中产生的污染和有害气体，保护员工和客户的身体健康。同时，尽量选择可回收、可再利用的材料，以减少资源浪费和环境污染。

5 照明设计优化：光影交织，氛围营造

通过合理的照明设计可以营造出明亮、舒适且专业的店内环境，提升客户满意度和员工工作效率。

5.1 照明类型

不同的照明类型，有不同的照明要求，具体如表2-5所示。

表2-5　照明设计要求

序号	照明类型	设计要求
1	整体照明	（1）选用亮度适中、色温舒适的LED灯具作为整体照明，确保店内光线明亮且均匀。LED灯具不仅节能环保，而且寿命长，适合长时间使用照明的洗车店环境 （2）照明灯具的布局要合理，避免出现光线死角或阴影区域，确保整个洗车店区域都能得到良好的照明
2	局部照明	（1）在洗车区、擦车区等关键区域设置局部照明，增强局部区域的亮度，提高工作效率。局部照明灯具可以选择亮度较高、光线柔和的LED射灯或筒灯 （2）局部照明还可以用于突出展示洗车店的特色或品牌形象，如使用彩色LED灯带或投光灯进行装饰性照明
3	应急照明	在店内设置应急照明系统，确保在紧急情况下（如停电）能够继续为店内提供基本照明。应急照明灯具应选择亮度适中、寿命长的LED灯具，并定期检查其工作状态

5.2　照明设计应考虑的因素

洗车店的照明设计应综合考虑亮度、色温、防眩光、节能与环保等因素，并根据店内实际情况进行灵活调整，具体如表2-6所示。

表2-6　照明设计应考虑的因素

序号	考虑因素	具体说明
1	防眩光设计	（1）考虑到洗车店员工在工作时需要长时间面对灯具，照明设计应注重防眩光。灯具的遮光角度要合理，避免光线直接照射到员工的眼睛造成不适 （2）可以在灯具上安装遮光罩或使用磨砂玻璃等材料进行防眩光处理

序号	考虑因素	具体说明
2	节能与环保	（1）选用高效节能的LED灯具作为照明设备，降低能耗并减少对环境的影响 （2）考虑使用智能照明控制系统，根据店内实际情况自动调节照明亮度，进一步节约能源
3	美观与协调	（1）照明设计应与洗车店的装修风格和品牌形象相协调，营造出美观、舒适的店内环境 （2）可以选择具有现代感或工业风格的灯具进行装饰性照明，增强店内的氛围和特色
4	安全性	（1）照明设计应考虑到安全性因素，如灯具的防水、防尘性能以及防火等级等。确保灯具在特殊环境中能够正常工作并保障安全 （2）定期对灯具进行检查和维护，确保其处于良好的工作状态并及时更换损坏的灯具

 案例分享

　　某知名汽车服务连锁品牌决定在A市开设一家新的洗车店，以满足日益增长的洗车服务需求。该品牌以其高品质的服务和专业的技术而闻名，因此在选址和装修过程中，都力求体现其品牌特色和优势。

1.选址策略

　　（1）市场调研：项目团队首先进行了深入的市场调研，分析了目标城市内洗车服务行业的市场现状、竞争格局以及潜在客户群。通过调研，团队发现该城市汽车保有量逐年上升，且中高端车主对洗车服务品质有着较高要求。

　　（2）地理位置：基于市场调研结果，团队选择了位于城市主干道与商业区交汇处的地段作为洗车店的选址。该地段交通便利，车流量大，且周边有多个中高端住宅区和商业中心，潜在客户群密集。

（3）竞争分析：在选址过程中，团队还进行了竞争分析，对周边洗车店的数量、服务品质、价格水平等进行了详细了解。通过对比分析，团队发现该地段洗车服务市场竞争相对激烈，但缺乏具有品牌影响力和专业水准的洗车店。因此，品牌方决定在此开设一家高品质的洗车店，以满足市场需求。

2.装修设计

（1）整体风格：洗车店的装修设计风格以现代简约为主，注重体现品牌的专业性和科技感。店内色彩搭配以白色和灰色为主，营造出干净、整洁的氛围。同时，店内还采用了大量的玻璃和金属材料，增强了科技感、空间感和通透感。

（2）区域划分：洗车店内部区域划分为接待区、洗车区、擦车区、休息区以及储物区等。各区域之间功能明确，互不干扰。接待区位于店铺入口处，设有舒适的座椅和茶点服务；洗车区和擦车区紧密相连，方便员工操作；休息区则提供了舒适的沙发和电视等设施，供客户在等待时休息；储物区则位于店铺后部，方便员工取用洗车用品和设备。

（3）照明设计：洗车店的照明设计以LED灯具为主，整体光线明亮且均匀。在洗车区和擦车区设置了局部照明灯具，增强了工作区域的亮度。同时，店内还采用了智能照明控制系统，可根据店内实际情况自动调节照明亮度，节约能源。

（4）环保与节能：在装修过程中，品牌方充分考虑了环保与节能问题。选择了环保的装修材料和设备，如使用低甲醛的板材和环保涂料；安装了节能的LED灯具和空调设备；在洗车区设置了废水回收和污水处理系统，减少了对环境的污染。

（5）品牌形象展示：在装修设计中，品牌方还注重品牌形象的展示。在店内多处设置了品牌标识和宣传海报，增强了品牌知名度和影响力。同时，店内还配备了高端、专业的洗车设备和工具，展现了品牌的专业水准和服务品质。

案例点评：

经过精心选址和装修设计，该洗车店在开业后迅速获得了广大车主的认可和喜爱。其高品质的服务、优雅的环境以及专业的品牌形象吸引了大量中高端车主前来体验和消费。同时，该店也成为了A市洗车服务行业的标杆之一。

第 3 章

设备配置与采购

关键词：
品质可靠
性能稳定
按需配置

洗车店在设备配置与采购上的决策对于店铺的整体运营和客户满意度具有重要影响。通过合理配置和采购设备，洗车店可以提高洗车效率和质量、改善客户体验、促进业务发展并降低成本和风险。

【要点解读】▸▸▸ — — — — — — — — — — — — — — —

1 洗车设备精选：高效稳定，质量保障

洗车店的主营业务一般是洗车，因此需要购置的设备通常包括高压清洗机、自动洗车机、空压机、吸尘器、美容脱水机、抛光机、泡沫机等设备。现在不少洗车店一般还会提供其他汽车服务，比如汽车修复、汽车美容等。对此，投资者还需要购入完成这些服务所需要的设备，比如打蜡机、蒸汽消毒机、喷漆设备等。下面主要介绍几种常用的洗车设备。

1.1　高压清洗机

高压清洗机用于汽车外表、发动机、底盘、车轮等的清洗。使用普通的自来水为水源，可以按需要进行调节。

压力大时，能将粘附于底盘上的泥土冲洗下来，如果要冲洗挡风玻璃和钣金部分，则要按要求将水压调小一点，以免造成汽车损伤。

1.2　泡沫清洗机

泡沫清洗机能加入专用清洗剂，再通过压缩空气（由空气压缩机提供），使清洗剂泡沫化，然后从泡沫喷枪喷出，能将泡沫状的清洗液均匀地涂敷于车身外表，从而除尘和去油污。

1.3　水枪和气枪

水枪和气枪分别是与高压清洗机和空气压缩机配套使用的，是重要的清洗设备，种类较多，有的带快速接头，可进行快速切换；有的带长短接杆，使用更加方便。

气枪通常为外购件，不随空气压缩机附送，水枪则常常作为高压清洗机的附件配套使用。高级的水枪带水压和水形调节，高压水枪不仅能提高清洗质量，尽可能保护漆面，同时也能提高清洗效率，且使用方便。

1.4　吸尘器

车身内经常积聚大量的灰尘，特别是座椅上的褶皱和一些角落部位的灰尘极难清除。常见的吸尘器主要有便携式、家用型和专业型三种。一般洗车店所用的是专业型吸尘器。

专业型吸尘器效果最好，使用较多，它具有较好的防水性，集吸尘、吸水、风干于一体，配有适合于内饰结构的专用吸嘴，操作简单，其内置的真空泵能产生很大的吸力，再配上形状不同的各种吸头，能伸进各个角落，快速地吸去灰尘，如汽车内顶棚、座椅、仪表盘、空气滤清器、空调等。

1.5 高温蒸汽清洗机

车身内饰和地毯等纤维绒布织品极易积聚污垢，也为细菌繁殖提供了温床，且拆装内饰和地毯十分麻烦，因此清洁难度很大。而高温蒸汽清洗机可在短时间内产生高温蒸汽，从而达到快速灭菌的作用。

利用高温蒸汽对纤维织物等进行深度清洗，去除藏匿在其中的细菌和污垢，无需任何化学清洗剂的辅助，可在短时间内产生150℃和3.2bar（1bar=10^5Pa）的高温蒸汽，使蒸汽喷射于需要清洁的内饰表面上，起到快速灭菌作用，特别是对空调系统出风口的清洁效果更佳。蒸汽机还可加入各种芳香剂，使清洁后的车内空间芳香舒适。

1.6 专用甩干桶

车上的座椅套，可拆式地毯和脚垫等织物容易弄脏，每隔较长一段时间使用后应取下用水或用泡沫清洗，尽可能去除灰尘、污渍并杀灭细菌。由于这些织物体积大、分量重，水洗后难以用普通脱水机脱水。

洗车专用甩干桶，容量大、转速高、功率大，能在数分钟时间内达到很好的脱水效果，是洗车必备设备。

1.7　高效多功能洗衣机

汽车上的座椅套、头枕套等织物极易弄脏，每隔一段时间都要进行清洗。洗车店使用的洗衣机不同于家庭用的普通洗衣机，要求能清洗较大重量的织物（至少要5千克）。而且必须是清洗、烘干和免烫三合一的高效多功能洗衣机，这样才能在完成洗车的同时，也完成各种织物的清洗和烘干。

1.8　自动洗车机

全自动洗车机可以根据不同的洗车部位选择不同的程序，清洗顺序：车身外表清洗、车轮清洗、烘干、打蜡。在洗车过程中，电脑洗车机是靠压力传感器和光电控制器来进行相应洗车工作的。

2　洗车工具齐备：实用顺手，效率加倍

洗车店常用的洗车工具主要包括以下几类。

2.1　洗车海绵

洗车海绵是洗车时常用的工具之一，其柔软的材质可以保护车漆，避免划伤。洗车海绵通常有多种形状和大小，以适应不同部位的清洗需求。

2.2　洗车刷

洗车刷有不同的长度和硬度，以适应不同部位的清洗需求。一些洗车刷还带有特殊的刷毛，能够去除顽固的污渍。

2.3　洗车手套

洗车手套既可以保护手部皮肤，又能确保在洗车过程中不会划伤车漆。洗车手套通常由柔软的材料制成，佩戴舒适且易于清洗。

2.4　洗车毛巾

洗车毛巾用于擦干车辆表面的水分。优质的洗车毛巾吸水性强，柔软且不易掉毛，可以确保在擦干车辆时不会留下水痕或划伤车漆。

2.5　玻璃刮水器

玻璃刮水器用于快速有效地清除车窗、挡风玻璃等部位的残留水分。刮水器通常由橡胶或硅胶制成，具有良好的刮水性能，能够确保车窗清晰透明。

2.6　洗车喷壶

洗车喷壶用于喷洒洗车液或清水，便于均匀涂抹和清洗车辆表面。喷壶的出水方式可以调节，以适应不同部位的清洗需求。

2.7　轮胎刷

轮胎刷专门用于清洗轮胎和轮毂，其硬度和形状能够深入轮胎缝隙，去除顽固的污渍和泥土。

2.8　内饰清洁工具

对于车辆内饰的清洁，常用的工具有吸尘器、内饰清洁刷、内饰清洁剂喷壶等。这些工具主要用于去除座椅、地毯等部位的灰尘和污渍。

2.9　水枪和软管

水枪和软管用于手动冲洗车辆的特定部位，如车标、车窗缝隙等。可以根据需要调节出水压力和流量，确保洗车效果。

💡 小提示

在购买洗车工具时，洗车店应考虑工具的材质、耐用性、价格等因素，并选择适合自己店铺需求的工具。同时，定期更换和清洗工具也是保持其良好性能并延长使用寿命的重要措施。

3　清洁剂选择：专业配方，效果显著

3.1　清洁剂的种类

洗车店常用的清洁剂主要包括如表3-1所示的几种。

表 3-1　常用清洁剂的种类

序号	种类	具体说明
1	洗车液	（1）这是最基本也是最常见的清洁剂。它通常含有特殊的配方，能够去除车身上的污垢、油渍和灰尘，同时保护车漆，避免在清洗过程中造成车身划痕或损伤 （2）洗车液分为水蜡洗车液、免划痕洗车液和脱蜡洗车液等，不同的洗车液适用于不同的车漆和清洗需求
2	内饰清洁剂	用于清洁汽车内部，如座椅、地毯、仪表盘等。这类清洁剂能够去除污渍、油渍和异味，让车内环境更加清新
3	玻璃清洁剂	专门用于清洁汽车玻璃，如挡风玻璃、车窗等。玻璃清洁剂能够快速去除玻璃上的污渍和油膜，使玻璃恢复清晰透明
4	轮胎清洁剂	用于清洁轮胎表面，去除轮胎上的污垢和油渍。轮胎清洁剂可以使轮胎恢复原有的黑亮色泽，同时延长轮胎的使用寿命
5	轮毂清洁剂	专门用于清洁轮毂表面的污垢和锈迹。轮毂清洁剂能够迅速溶解污渍，让轮毂恢复金属的光泽
6	除锈剂	对于车身表面出现的小面积锈迹，可以使用除锈剂进行清除。除锈剂能够快速溶解锈迹，并防止锈迹扩散
7	多功能泡沫清洁剂	这类清洁剂具有多种功能，可以用于清洁车身、内饰、玻璃等不同部位。它通常具有快速去污、不留水痕、保护车漆等特点

3.2　清洁剂的选择

洗车店在选择清洁剂时，需要注意如图3-1所示的几点。

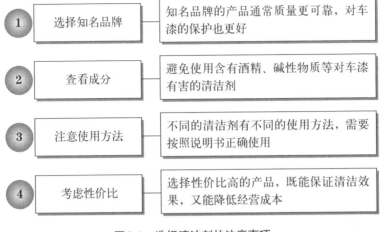

1	选择知名品牌	知名品牌的产品通常质量更可靠，对车漆的保护也更好
2	查看成分	避免使用含有酒精、碱性物质等对车漆有害的清洁剂
3	注意使用方法	不同的清洁剂有不同的使用方法，需要按照说明书正确使用
4	考虑性价比	选择性价比高的产品，既能保证清洁效果，又能降低经营成本

图3-1　选择清洁剂的注意事项

4　购买因素权衡：成本效益，综合考虑

洗车店在设备采购时，需要仔细考虑和评估多个要点，以确保所采购的设备能够满足店铺的需求，同时保证设备的性能、质量和售后服务，具体如表3-2所示。

表3-2　购买设备应考虑的因素

序号	考虑因素	具体说明
1	明确需求	（1）要明确洗车店的具体需求，包括服务项目、服务频率、车辆类型等，从而确定所需设备的种类和数量 （2）考虑设备是否能够满足洗车店未来的发展需求，是否易于扩展和升级
2	品牌和质量	（1）选择知名品牌和具有良好口碑的设备供应商，这样可以确保设备的品质和性能 （2）了解设备的材质、工艺、耐用性和稳定性，确保设备能够长时间稳定运行

序号	考虑因素	具体说明
3	性能参数	（1）根据洗车店的需求，仔细评估设备的性能参数，如洗车机的压力、流量、耗电量等 （2）了解设备的工作原理和操作方式，确保员工能够轻松上手并熟练操作
4	价格与性价比	（1）综合考虑设备的价格、性能、质量和售后服务等因素，选择性价比较高的设备 （2）不要盲目追求低价，而忽视设备的性能和质量
5	售后服务	（1）了解供应商的售后服务政策，包括设备的安装、调试、培训、维修和保养等 （2）选择提供完善售后服务的供应商，确保设备在使用过程中出现问题时能够得到及时解决
6	安装和调试	（1）选择提供设备安装和调试服务的供应商，确保设备能够顺利安装并正常运行 （2）在设备安装和调试过程中，与供应商保持密切沟通，确保设备的性能和效果达到最佳状态
7	培训和操作	（1）要求供应商提供设备操作和维护的培训服务，确保员工能够熟练掌握设备的操作技能 （2）建立设备操作和维护的规范流程，确保设备能够长时间稳定运行并减少故障率
8	能耗和环保	（1）考虑设备的能耗和环保性能，选择符合国家相关标准和规定的设备 （2）优先选择节能环保的设备，降低洗车店的运营成本并保护环境
9	用户评价	（1）在采购前，了解其他用户对供应商和设备的评价，以便更好地了解供应商和设备的实际表现 （2）可以通过行业内的交流群、论坛或展会等途径获取更多用户评价信息
10	合同和付款	（1）与供应商签订正式的采购合同，明确双方的权利和义务 （2）在合同中明确设备的规格、数量、价格、交货期限、售后服务等条款 （3）按照合同约定的付款方式进行付款，确保资金安全

通过综合考虑以上要点，洗车店可以更加科学、合理地选择设备供应商和设备类型，为店铺的长期发展奠定坚实的基础。

 案例分享

某城市的一家新兴洗车店——"××洗车中心"正在筹备开业。该洗车店定位为中高端市场，致力于为客户提供专业、高效、环保的洗车服务。为了确保开业后的顺利运营并为客户提供优质的洗车体验，洗车店老板李先生精心拟制了设备配置与采购计划。

1.设备配置与采购计划

（1）高压洗车机。李先生选择了国内知名品牌"××"的高压洗车机。这款洗车机具有强大的水压和稳定的性能，能够确保快速、彻底地清洗车辆表面。同时，其节能环保的设计也符合洗车店绿色环保的理念。

（2）泡沫机与洗车液。为了提升洗车效果，李先生选择了与高压洗车机配套的"××"牌泡沫机，并采购了相应品牌的洗车液。这款洗车液采用天然植物提取成分，温和无刺激，不仅能够深层清洁车漆，还能有效保护车漆不受损伤。

（3）水枪与软管。为了满足对车辆不同部位进行精细清洗的需求，李先生购买了多款不同型号的水枪和软管。这些水枪和软管具有灵活的操作性且出水量可调节，能够满足不同客户的洗车需求。

（4）吸尘器与内饰清洁工具。对于车辆内部的清洁，李先生选择了专业的吸尘器和内饰清洁工具。这些工具能够轻松去除座椅、地毯等部位的灰尘和污渍，让车内环境焕然一新。

（5）玻璃清洁剂与工具。为了确保车窗、挡风玻璃等部位的清洁效果，李先生购买了专业的玻璃清洁剂和相应的清洁工具。这些产品能够快速去除玻璃上的污渍和油膜，让玻璃恢复清晰透明。

（6）轮胎与轮毂清洁设备。轮胎和轮毂是车辆上容易积累污垢的部位，因此李先生特地购买了专业的轮胎与轮毂清洁设备。这些设备能够轻松去除轮胎和轮毂上的顽固污渍，恢复其原有的色泽。

（7）自动洗车机。考虑到未来业务的发展和客户的需求，李先生还预留了自动洗车机的采购预算。自动洗车机能够大幅提高洗车效率和服务质量，为客户提供更加便捷、快速的洗车体验。

2.采购过程

在采购过程中，李先生充分考察了多家供应商和设备品牌，通过对比价格、性能、售后服务等方面的信息，最终选择了性价比最高、质量最可靠的设备和产品。同时，他还与供应商建立了良好的合作关系，确保设备采购的顺利进行和后续服务的及时响应。

案例点评：

通过以上设备配置与采购计划，"××洗车中心"在开业前就做好了充分的准备。这些专业、高效的洗车设备和工具不仅能够为客户提供优质的洗车服务，还能够为洗车店的进一步发展奠定坚实的基础。

第 4 章

开业筹备与宣传

关键词：
统筹安排
手续齐备
宣传造势

不管是任何事情，都应做好周密而翔实的准备工作，开店也是如此。开店要从点点滴滴做起，要重视开店的每一个细节，尤其是在前期筹备时就要尽可能地面面俱到。只有充分重视前期的筹备工作，才能真正为以后的经营铺平道路。

【要点解读】▶▶▶ -

1 资金预算规划：精打细算，确保无忧

一般来说，开一家小型的洗车店可能需要投资数十万元，而大型的洗车店可能需要投资上百万元。在投资前，店主最好进行详细的市场调研和商业规划，以确保投资的可行性和回报率。

开洗车店所需的资金因多种因素而异，包括店铺规模、地理位置、设备采购、装修费用、人员工资等。如表4-1所示是一个大致的资金估算。

表4-1　开店资金估算明细

序号	资金项目	具体说明
1	店铺租金	洗车店的租金取决于所选地段和店铺面积。一般来说，繁华地段的租金较高，而面积较大的店铺租金也会相应增加。租金费用可能从每月数千元到数万元不等
2	装修费用	洗车店的装修费用包括店面装修、设备安装、排水系统等。装修的档次和风格会影响费用预算，预计需要数万元到数十万元不等
3	设备采购	洗车店需要购置的设备包括高压洗车机、泡沫机、吸尘器、水枪等。设备的品牌、型号和数量都会影响采购费用，预计需要数万元到数十万元不等
4	人员工资	洗车店需要聘请的员工包括洗车工、前台接待等。员工的数量和工资水平会影响工资支出，预计每月的人员工资支出可能在数万元不等
5	水电费	洗车店需要支付水电费，每月的支出可能在数百元到数千元不等
6	其他费用	包括开业前的营销费用、保险费用、许可证费用等，预计需要数千元到数万元不等

💡 小提示

　　店主可以选择加盟已有的洗车店品牌，这样可以减少部分投资风险并借助品牌效应。但加盟费用也需要考虑在内，并且需要了解加盟品牌的具体要求和政策。

2 手续办理齐全：合法经营，顺利开业

哪怕是再小的店，开店也需要办理相关手续，以确保符合国家法律法规和行业标准。为了能够顺利开展业务，经营者应着手办好一应手续。

2.1 选择经营主体

目前，经营组织形态大体可分为个体工商户、个人独资企业、一人有限责任公司、合伙企业、有限责任公司或股份有限公司。不同的经营主体，其设立性质与条件、个人责任承担、税务优惠政策及法律责任也不相同，经营者可以根据自身的需求和情况选择合适的经营主体形式。同时，建议咨询专业人士或律师，以获取更准确的建议和指导。

2.2 办理营业执照

营业执照是工商行政管理机关发给工商企业、个体经营者的准许从事某项生产经营活动的凭证。其格式由国家市场监督管理总局统一规定。没有营业执照的工商企业或个体经营者一律不许开业，不得刻制公章、签订合同、注册商标、刊登广告，银行不予开立账户。

申请人需提供本人身份证、营业场所证明等相关材料，向当地工商部门申请。

> **生意经**
>
> 自2016年10月1日起，营业执照、组织机构代码证、税务登记证、社会保险登记证和统计登记证实施"五证合一"。

2.3　申请许可证

（1）特种行业许可证。由于洗车涉及一定的特种行业操作，如使用高压水枪、化学清洗剂等，因此还需要办理特种行业许可证。在申请过程中，需要向相关部门提交详细的安全措施和操作规范，以确保洗车过程中的安全。

（2）排污许可证。洗车店作为排放污水的单位，必须办理排污许可证。办理排污许可证需要提交洗车店的污水处理方案、环保设施等相关材料。这不仅有助于保护环境，还能确保洗车店在排放污水时符合国家标准。

2.4　注册商标

如果想做好自己的品牌，可以考虑注册商标，注册自己的商标可以在全国范围内对自己的品牌进行保护，并增加投资合股的品牌估价。注册商标需要提供营业执照。各地都有商标注册服务公司，也可以选择知名的商标代理网站进行商标注册。

2.5　开立对公账户

选择一家合适的银行，准备好相关材料，如身份证、营业执照等，前往银行开立企业账户。

经营者可根据店铺的具体情况看是否需要办理，如果是比较小的店铺，用不上对公账户，前期也可以先不办理。

2.6　申请发票

经营者携带相关材料前往当地税务机关，按规定程序申领发票。

不同的城市，所需的证件可能不一样。经营者应根据当地政策和实际情况，在办理手续时，咨询当地相关部门或专业人士，以确保办理手续的准确性和合规性。

3 设备安装调试：确保稳定，顺畅运营

洗车店在开业前，设备安装与调试是至关重要的一环。店主可参考如表4-2所示的设备安装与调试流程。

表4-2　设备安装与调试流程

序号	流程	具体说明
1	设备运输与存放	(1) 设备采购后，要安全将设备运输到店铺 (2) 在店铺内为设备选择合适的存放位置，确保设备在存放过程中不会受到损坏
2	设备组装	(1) 按照设备的使用说明书和组装图，对设备进行组装 (2) 确保设备组装牢固、稳定，避免在使用过程中发生安全事故
3	电源接入与电气设备调试	(1) 接入电源，确保电源稳定并符合设备的使用要求 (2) 根据设备说明书，正确进行电气接线，确保编码器、发动机、电磁阀等设备的接线正确 (3) 调试电气设备，如开关、指示灯等，确保设备可以正常运行
4	水路连接与调试	(1) 连接好水源，确保水压力、流量符合要求 (2) 在设备启动前，排空管路中的空气和杂质，确保水流稳定

序号	流程	具体说明
4	水路连接与调试	（3）启动设备后，进行试运行，检查设备的各项指标是否正常，如电机功率、喷嘴工作状态、水量、水压等 （4）在设备正常运行的情况下，调整喷水方向、水量等参数，以达到最佳的洗车效果
5	调试洗车机	（1）根据洗车机的使用说明书，调试洗车机的各项参数，如喷水压力、喷水角度等 （2）调试完成后，进行试洗车，检查洗车效果是否满足要求 （3）根据试洗车的结果，进一步调整洗车机的参数，直至达到最佳洗车效果
6	安全检查	（1）在设备安装与调试完成后，对整个洗车店进行安全检查，确保所有设备、电线、水管等安全无隐患 （2）检查设备的接地情况，确保设备在使用过程中不会发生触电事故
7	员工培训	（1）在设备安装与调试完成后，对员工进行设备使用培训，确保员工能够熟练掌握设备的操作方法 （2）培训员工了解并遵循使用安全注意事项，避免在使用过程中发生安全事故

4 试营业预热：检验流程，优化服务

洗车店试营业是开业前的一个重要阶段，它不仅可以让店主和员工在真实环境中测试各项服务和流程，还可以吸引潜在客户并提供实际体验的机会。对此，店主在试营业期间需做好如表4-3所示的几方面工作。

表4-3　试营业期间工作事项

序号	工作事项	具体说明
1	准备工作	（1）确保所有设备已经安装并调试完毕，可以正常运行 （2）店面装修和布置已经完成，营造出整洁、专业的形象 （3）所有洗车用品和工具已经准备齐全 （4）员工已经接受了完整的培训，包括洗车技术、客户服务等方面
2	制订试营业计划	（1）确定试营业的时间长度，一般建议至少持续一周 （2）设计试营业期间的特别优惠或活动，以吸引客户前来体验 （3）制定服务流程和价格策略，并在试营业期间收集客户反馈进行调整
3	客户服务	（1）在试营业期间，要特别关注客户服务质量。确保员工友好、专业，并快速响应客户需求 （2）提供优质的服务体验，包括快速的洗车操作、干净的洗车效果以及良好的服务态度 （3）鼓励员工主动与客户交流，收集他们的意见和建议，以便后续改进
4	收集反馈	（1）在试营业期间，积极收集客户的反馈和建议。可以通过问卷调查、口头交流或社交媒体等渠道进行 （2）分析客户反馈，了解他们对服务、价格、环境等方面的看法，找出需要改进的地方 （3）根据客户反馈，及时调整服务流程和价格策略，确保正式开业时能够满足客户需求
5	宣传推广	（1）利用试营业的机会进行宣传推广，提高洗车店的知名度和曝光率 （2）通过社交媒体、广告、传单等方式宣传试营业活动，吸引潜在客户前来体验 （3）与周边商家合作，开展联合促销活动，扩大客户群体

序号	工作事项	具体说明
6	总结与调整	（1）在试营业结束后，对试营业期间的表现进行总结和评估。分析成功和失败的原因，找出需要改进的地方 （2）根据总结和评估结果，调整服务流程、价格策略、宣传推广等，确保正式开业时能够达到最佳状态
7	正式开业准备	（1）根据试营业期间的反馈和评估结果，进一步完善服务和设施 （2）准备好开业所需的物资和人员，确保正式开业时能够顺利运行 （3）制订详细的开业计划，包括开业活动、宣传推广等，确保开业当天能够吸引大量客户前来体验

洗车店试营业是开业前的一个重要阶段，需要店主和员工共同努力，确保各项服务和流程能够顺利进行，并收集客户反馈进行改进。通过试营业的锻炼和准备，可以为正式开业打下坚实的基础。

5 正式开业庆典：盛大开幕，吸引客流

洗车店试营业结束后，正式开业是接下来的重点。试营业阶段主要是为了测试团队的配合程度、产品和服务的稳定情况，并根据反馈进行调整。而正式开业则是店铺正式面向广大客户，展示其品牌形象和吸引力的关键时刻。

5.1 正式开业前应做的工作

在正式开业前，需要做好如图4-1所示的几项工作。

工作一	要总结试营业期间的经验和教训，针对存在的问题和不足进行改进，确保在正式开业时能够呈现出最佳的状态
工作二	制订详细的开业计划和营销策略，包括确定开业时间、地点、活动内容等，并通过各种渠道进行宣传推广，吸引更多的客户关注和参与
工作三	对店铺进行彻底的清洁和布置，营造出舒适、整洁、温馨的环境。同时，要确保所有员工都接受了充分的培训，熟悉工作流程和服务标准，能够为客户提供优质的服务

图4-1　正式开业前需做的工作

 生意经

　　正式开业只是店铺运营的一个起点，后续的经营管理同样重要。要不断完善服务质量和服务水平，加强营销推广和品牌建设，才能在激烈的市场竞争中脱颖而出，实现长期稳定的发展。

5.2　举办开业活动

　　在正式开业当天，可以举办一些庆祝活动，如开业典礼、优惠促销等，以吸引更多的客户前来光顾。同时，要密切关注客户的反馈和需求，及时调整经营策略和服务方式，提升客户满意度。

洗车店开业活动创意，人气爆棚

1.免费洗车体验

（1）在开业当天或前几天，提供一定数量的免费洗车名额，让客户体验洗车店的服务。

（2）可以通过社交媒体、宣传单等方式宣传这一活动，并设定领取免费洗车名额的条件，如转发店铺宣传内容或在线预约。

2.折扣优惠

（1）为开业期间来店消费的客户提供洗车服务折扣，如打6.8折、8折等。

（2）可以设置不同的折扣时间段，如开业前三天、前一周等，以吸引更多客户前来体验。

3.会员制度推广

（1）在开业期间推出会员制度，为会员提供洗车服务优惠、积分兑换等福利。

（2）鼓励客户在开业期间办理会员卡，并提供额外的优惠或礼品作为奖励。

4.联合促销活动

（1）与其他商家合作，开展联合促销活动。例如，与附近的餐厅、超市等合作，客户在洗车店消费后可获得合作商家的优惠券或折扣。

（2）这种活动可以扩大洗车店的知名度，并吸引更多潜在客户。

5.互动游戏或抽奖活动

（1）在开业期间设置互动游戏或抽奖环节，吸引客户参与并增加活动的趣味性。

（2）可以设置奖项如洗车服务优惠券、小礼品等，提高客户的参与度和满意度。

6.宣传展示

（1）制作精美的宣传海报和传单，在店内外张贴或派发给过往行人。

（2）在社交媒体上发布开业信息和活动详情，吸引更多线上客户关注和参与。

7.开业典礼

（1）举办隆重的开业典礼，邀请亲朋好友、合作伙伴和媒体前来参加。

（2）在典礼上介绍洗车店的特色、服务理念和未来规划，增加客户对洗车店的信任和好感。

案例分享

"××洗车坊"位于市中心的一个繁华商业区，店主李先生经过深入的市场调研，发现该区域车流量大，且周边缺少一家高品质的洗车店。因此，他决定在此地开设一家洗车店，以满足市场需求。

一、开业筹备

1.选址与装修

（1）李先生选择了位于商业区的一个显眼位置，店面宽敞明亮，便于车辆进出。

（2）他聘请了专业的装修团队，按照现代简约的风格对店面进行装修，店内设置了舒适的休息区和产品展示区。

2.设备采购

（1）李先生购买了先进的自动洗车设备和人工洗车工具，包括高压洗车机、泡沫机、吸尘器等。

（2）他还采购了高品质的洗车用品，如环保洗车液、柔软毛巾等，确保为客户提供优质的服务。

3.人员招聘与培训

（1）李先生通过招聘广告，选拔了一批有责任心、热情好客的员工。

（2）他聘请了专业的洗车师傅对员工进行洗车技术和服务的培训，确保员工能够熟练掌握洗车技能并具备良好的服务意识。

4.服务流程与价格策略

（1）李先生制定了详细的洗车服务流程，包括接待、洗车、检查、结算等环节，确保服务流程高效、规范。

（2）根据市场调研和成本分析，他制定了合理的价格策略，既保证了利润空间，又具有一定的竞争力。

二、开业宣传

1.社交媒体宣传

（1）李先生利用微信、微博等社交媒体平台，发布洗车店的开业信息和优惠活动。

（2）他制作了精美的宣传海报和短视频，展示了洗车店的环境和洗车效果，吸引了大量网友的关注和转发。

2.线下宣传

（1）李先生在店门口摆放了开业花篮和横幅，吸引了过往行人的注意。

（2）他还制作了宣传单页，派发给周边的居民和商家，介绍洗车店的特色和优惠活动。

3.合作宣传

（1）李先生与周边的餐饮店、超市等商家合作，将宣传单页放在这些商家的收银台或显眼位置，吸引他们的客户前来洗车。

（2）他还与一些汽车美容店、维修店等建立合作关系，互相推荐客户，实现资源共享。

4.开业活动

（1）在开业当天，李先生举办了盛大的开业典礼，邀请了亲朋好友、合作伙伴和媒体前来参加。

（2）他准备了精美的礼品和优惠券，赠送给前来体验的客户，以表达对他们的感谢和欢迎。

（3）在开业前三天，他推出了"买一送一"的优惠活动，即客户支付一次洗车的费用，可以享受两次洗车服务。这一活动吸引了大量客户前来体验，并获得了良好的口碑。

案例点评：

经过精心筹备和宣传，"××洗车坊"在开业初期就取得了不错的成绩。店内客户络绎不绝，业务量稳步上升。同时，李先生也收到了许多客户的积极反馈和好评，为店铺的长期发展奠定了坚实的基础。

第 5 章

洗车作业与服务

关键词:
　热情接待
　细致认真

洗车店在提供洗车作业时,应注重服务质量和客户满意度。通过专业的洗车技术、良好的服务态度和多样化的服务项目,提升洗车店的竞争力和口碑。

【要点解读】▶▶▶ -

1 车身清洗专业:洁净如新,客户满意

1.1 接车服务

(1)迎接客户。当看见有车打方向灯,将进入洗车店时,洗车工应以最快的速度,把来车带到正确的洗车区位置上。

等待客户时,洗车工应服装整齐、身体直立、双手交叉背于身后,双脚分开姿势站立,眼睛平视前方。

洗车工迎接客户时,需注意如图5-1所示的事项。

事项一	接车人员应注意礼仪、穿戴整齐
事项二	要尽可能有礼有仪，并迅速向客户询问需要服务的项目，在客户意向不明确时，要根据客户的车况推荐店内的服务项目

图5-1　迎接客户的注意事项

（2）引导车辆进入洗车工位。洗车工在引导客户车辆进入洗车工位时，应按照以下动作要领进行：左手平直伸出与肩平齐，手心向外，右手与左手平齐，手心向内，指引客户进入洗车工位，身体随车向前，左手手掌不断向车辆行进方向挥摆，高喊"进！进！进！"。

 小提示

洗车工在引导过程中，动作要清晰，声音要洪亮。

（3）引导车辆停至冲洗位。洗车工在引导客户车辆停在冲洗位时，应按照以下动作要领进行：站在车辆侧面，用标准手势指挥车辆停好，同时口喊"停""好"。

小提示

洗车工在引导过程中，动作要清晰，声音要洪亮，同时要注意安全，尽量站在车辆侧面指挥。

（4）主动向客户问好。客户停好车后，洗车工应打开车门，主动向客户问好。具体的动作要领如下：右手打开车门，左手放在车门上面，向客户30°～45°鞠躬，并微笑地说："先生/女士！您好！欢迎光临！"

小提示

洗车工需注意的是，客户车未停好时严禁打开车门。在车主下车时告知车主取走车上贵重物品，以免出现纠纷，而影响自己的工作和洗车店的信誉。

（5）从客户手中接过钥匙。客户停好车，并走下车后，会将车钥匙交给洗车工。洗车工在接钥匙时，需按下面的动作要领进行：左手靠背，右手弯曲45°，掌心平直接过钥匙，然后提醒客户将门窗关好。

（6）环车检查。洗车工接车后需对汽车进行环车检查，包括检查车身是否有划痕，检查车门及天窗是否紧闭等。检查完毕后高喊"检查完毕！"。

小提示

洗车工在进行环车检查时，如发现车身划痕应及时告知客户并请客户确认。

（7）开接车单。请客户在洗车工单上签字确认之后咨询车主需要服务的项目，叫专人登记。提前准备好洗车工单（表5-1）并记录车型、车牌、来店时间、预计交车时间，请客户出示会员卡，并请客户到休息区休息。如客户要离开，接待员将车辆钥匙牌与停车卡一并交与客户，并微笑对客户说："您好，您收好，请慢走！"

表5-1 洗车工单

编号	车型	颜色	车号	客户签字	联系电话	开单员	收费	所属部门	附加服务
1									
	施工人员：						接车交车		
2									
	施工人员：						接车交车		
3									
	施工人员：						接车交车		
4									
	施工人员：						接车交车		
5									
	施工人员：						接车交车		
6									
	施工人员：						接车交车		
7									
	施工人员：						接车交车		

说明：此工单是财务结算重要依据，请认真填写！

1.2 车身清洁作业

（1）准备工作。当客户下车后，抽出地毯（或取出脚垫），要防止地毯上的垃圾和灰尘掉到车里，并在司机位放一张洗车店指定的胶垫；待客户离开洗车区并确定车门窗关好后，方可开始冲车。

（2）第一遍冲车。

① 冲车顺序。洗车工在第一遍冲车时，需按照如图5-2的顺序进行，尽量减少重复冲洗。

图5-2　第一遍冲车的顺序

② 第一遍冲车的步骤。

——调整洗车机压力为4～6兆帕，水枪方向与车表保持的角度为45°，枪头与车身距离在15～60厘米之间，把车身、轮毂、底盘的泥沙冲洗干净。

——冲洗完毕后，必须喊当值人员先关机，再关水枪，否则水枪很容易被损坏。

③ 第一遍冲车的要点。

——用高压清洗机按自上而下顺序冲去车身污物。整个过程须始终由一个方向向另一方向的斜下方冲洗，尽量避免正向或反向冲洗，以免将泥沙冲回已经冲洗干净的部位。

——冲洗时不可忽视车身的下部及底部，因为一般大量的泥沙和污垢都聚集在这些部位，不仔细冲洗就会遗留下泥沙等物质，在进行车身下部的擦洗工序时残留泥沙会划伤漆面。因此必须尽可能地冲洗掉车身下部及车底的大颗粒泥沙。

——冲洗泥沙多的漆面时水枪压力应尽量小，以免大颗粒泥沙划伤漆面，轮毂里泥沙较多，冲的时候手要摸摸里面，确认是否冲洗干净，冲洗完毕后，必须喊当值人员先关机，再关水枪，否则水枪很容易被损坏。

——汽车清洗时，注意保证车身通体用高压水枪打湿无遗漏，车漆表面无大颗粒泥沙或污物。

（3）喷洒洗车泡沫。

① 顺序。喷洒泡沫没有具体顺序，可以按字母"N"的结构进行喷洒洗车泡沫。

② 喷洒洗车泡沫要点如表5-2所示。

表5-2　喷洒洗车泡沫要点

序号	要点	操作
1	施工前准备	待一切准备就绪，高喊"开始洗车"，注意喊口号声音洪亮
2	全车身喷洒预洗液	（1）身体距车身1米左右，左手握水管，右手握喷枪，喷洒方向由上至下、由前至后再由后至前，整个过程绕车身一周完成，喷洒均匀，无浪费 （2）高喊"喷预洗液"。喷嘴不能碰到车身，预洗液不要喷得满地都是

③ 喷洒洗车泡沫时，需注意如图5-3所示的事项。

事项一　泡沫机压力为 0.6 兆帕，一定要成泡沫状，不能成液体状

事项二　轮胎也要喷洒，从前向后，擦洗海绵或羊毛手套一定要干净没有沙砾，而且很湿

事项三　均匀地喷洒在整个车表面，无漏擦之处，车身面漆无划痕

图5-3　喷洒洗车泡沫的注意事项

（4）擦拭车身。

① 擦车顺序。擦车时应尽量减少重复，擦车顺序为引擎盖→车顶→后备箱→侧面→保险杠以下部分（车裙）→轮毂→挡泥板。

② 擦车步骤如图5-4所示。

——戴上洗车手套分上部、下部擦拭。

——左手扶在车身上，右手擦拭，顺序是由上到下、由前至后操作，最后擦拭下裙边部位，擦拭力量要适中，避免漏擦，最后用海绵清洁轮胎。

图5-4　擦拭车身

（5）第二遍冲洗。

① 顺序。第二遍冲洗顺序为车顶→引擎盖→侧面→轮毂→后备箱→另一侧面→轮毂，尽量减少重复。

② 步骤。身体距车身0.5米左右，左手握水管，右手握高压水枪，呈45°角对车身由上至下、由前至后再由后至前，整个过程绕车身一周完成冲水，底盘、轮毂都要冲干净，如图5-5所示。

图5-5　第二遍冲洗

③ 注意事项。洗车工在第二遍冲洗时，要注意如图5-6所示的事项。

事项一 ▷ 从上到下，擦洗完毕之后，开始冲洗车身，但这时应以车顶、上部和中部为重点。因为冲车时已经将车身下部冲洗得比较干净并进行了一定的擦洗

事项二 ▷ 冲洗中部以上的部位时向下流动的水基本能够将下部及底部冲洗干净，所以下部和底部一带而过即可。尽量在洗车液干燥前冲水

事项三 ▷ 必须将死角中泡沫冲洗干净，冲水完毕进行自检，未洗干净的车辆需进行返工、重洗

事项四 ▷ 水管不能碰到漆面，以免刮伤车漆。在冲洗轮胎和底盘时，双手要握住水枪冲洗

事项五 ▷ 冲洗完后整车无泡沫和残留泥迹

图5-6　第二遍冲洗的注意事项

（6）喷洒水蜡。

车用水冲洗完毕后，在车身上均匀地喷上一层水蜡。身体距车身0.5～1米，左手握喷管右手握喷枪，由上至下、由前至后再由

后至前喷洒，绕车身一周完成，水蜡要喷洒均匀，防止浪费。高喊"喷水蜡"。注意水蜡不要喷到玻璃上，喷嘴不能碰到车身，水蜡不要喷得满地都是，如图5-7所示。

图5-7　喷洒水蜡

（7）洗车自检

环车身一周，仔细检查，要特别注意边角部位。底盘、轮毂是检查重点。

1.3　清洁擦干

由洗车工将汽车内外清洁擦干，具体操作见本章"汽车室内护理"相关内容。

1.4　验车

由内到外，绕车一周。员工在验车时应特别注意检查洗车工序中容易遗漏的部位，如发动机盖边沿及内侧、车门边缘内侧、车门把手内侧、后备箱边缘内侧、油箱盖内侧、车身底部、轮毂、轮胎及排气管等部件。若检查不合格，应马上返工，并记录责任人。

1.5 交车

接待员将钥匙、施工单交到客户手上。收回钥匙牌、停车卡等。为客户摆放上车脚垫，左手打开车门，右手靠背，请客户入车。致欢送词"您好，欢迎再次光临。""先生/女士慢走或欢迎再次光临！"，如图5-8、图5-9所示。

右手平直伸出与肩平齐，掌心向外，左手与右手平齐，掌心向下，向车辆行进方向挥摆，指引车辆离开店面服务区。当车主开动汽车并注意到你的时候，一定要挥手致意，表示友好。

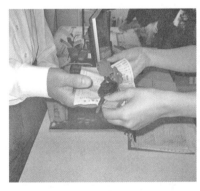

图5-8 交车钥匙

图5-9 摆放脚垫

1.6 清理现场

将工具、材料归位，迅速处理垃圾（车流量高峰期除外）、清洗脏的毛巾，保证洗车间干净、整齐。如果发现问题要及时上报。

2 室内护理细致：舒适体验，品质升级

2.1 擦拭车身水渍

（1）移动车位

清洗完车身后，洗车工应把车引至正确的台下清洁区，注意引车安全。引车时注意，右手平直伸出与肩平齐，手心向外，左手与右手平齐手心向下，右手不断向车辆行进方向挥摆。

非指定人员不得擅自移动车辆，场内移车速度不得超过5千米/时。

（2）擦拭顺序

洗车工应按照引擎盖→车顶→侧面→车内门框→后备箱→仪表盘的顺序擦拭车身（尽量减少重复）；先用大毛巾把全车上的水珠拖一遍，再用中号毛巾擦干。

（3）擦拭步骤

洗车工擦拭车身的步骤如图5-10所示。

① 两人一组，使用大毛巾在前或后车牌高喊"开始"。

② 两人各持毛巾一端拉紧，毛巾从前至后或从后至前进行拖水，拖水完毕后再按相反方向重复操作一次，再两人各自双手持毛巾两端从前至后擦拭车身两侧水分。

③ 拉毛巾到前挡风玻璃时，雨刷上的水要在毛巾上抖干净，注意天线、车标等。

④ 用半湿毛巾擦净车门边、发动机盖、后备箱边沿及油箱盖内侧的泥沙后，再用干毛巾擦干前面所留下的水痕。

（4）注意事项

擦拭车身的毛巾不能太干太硬，否则在擦车时会刮花漆面。用

专用干棉布（不脱毛）擦拭玻璃、倒车镜、车灯。毛巾使用时要折叠成方块状。

擦拭后应漆面无水渍，无漏擦之处，无毛巾残毛（脱掉的线）。

图5-10　擦拭车身

2.2　边缝吹水、除垢

（1）操作顺序

洗车工可按照前车灯→车前标志→侧面门灯→倒车镜→门把手→车门玻璃框（顺序可变，尽量减少重复）的顺序对边缝吹水、除垢。

（2）操作步骤

对边缝吹水、除垢的步骤如图5-11所示。

① 按以上顺序，从前到后绕车身一周完成吹水。

② 右手拿吹风枪，左手拿干燥毛巾，毛巾始终放在风枪之后，风枪吹水须顺着一个方向吹，边吹边擦，要求边缝没有水流出，干净无污垢。

（3）注意事项

洗车工在进行边缝吹水、除垢时需注意以下事项。

① 吹气枪在使用时要与漆面或玻璃保持一定距离，以免刮花漆面或玻璃。

② 气嘴头必须套上软质的保护胶，避免刮伤车漆。

③ 重点注意倒车镜、玻璃压条、腰线、门把手、后车牌以及车杠栏栅。

④ 要求各边缝不能藏水，包括倒车镜、窗边、前后盖、车灯等的边缝及车身接缝。

图5-11　边缝吹水、除垢

2.3　四门的清洁

（1）操作顺序

四门清洁的顺序依次是正驾驶门框→正驾驶后门框→后备箱框→油箱盖→副驾驶后门框→副驾驶门框。

（2）操作步骤

打开正驾驶门框，用擦门边的专用毛巾将门框上的水分擦拭干净，擦洗门边时从上至下擦。如遇到较脏门框可以用多功能小毛刷配合清洁剂进行清洗。

（3）注意事项

洗车工在清洁四门时需注意如图5-12所示事项。

① 擦门框时注意每擦完一个门框之后应把手中的毛巾换一个面，每条毛巾折叠后可以有8个面。

② 擦完门框不要立即将门关上，以晾干门板中的水分。

③ 开关门时应注意安全，避免发生意外事故。

④ 擦拭后备箱时注意不要让水流到后备箱里面。

图5-12　四门清洁

2.4　脚垫清洁

（1）取出脚垫（或地毯）

洗车工取脚垫时，应双手把地毯两边卷起，小心仔细地取出，以免地毯上的灰尘和垃圾散落在车内，如图5-13所示。如客户有贵重物品遗留在地毯上应及时告知车主。

图5-13 取出脚垫

（2）清洁脚垫（或地毯）

脚垫清洁有两种方法，包括干洗和湿洗。

① 干洗。不是很脏的脚垫或客户没有特别交代做湿洗处理的，要按以下步骤作业：在规定的台面上将脚垫平铺后均匀地在绒面上喷洒清洗剂，再使用板刷刷洗。使用刷子把脚垫的灰粒刷干净，注意只能往一个方向刷。

② 湿洗。脚垫湿洗的步骤如表5-3所示。

表5-3 脚垫湿洗的步骤

序号	步骤	具体操作
1	喷洒清洗剂	将脚垫铺放在地面上，先用清水冲洗脚垫（正反两面），再用清洗剂均匀喷洒脚垫绒面
2	清洗	使用专用板刷，逐行进行刷洗，尽量将污渍去除。用水枪或水管将脚垫充分冲洗干净
3	甩干、烘干	脚垫冲洗干净后放到甩干机甩干。如果脚垫厚且重，可分几次甩干。洗车工在按启动键后要注意观察甩干机的运行情况，在甩干机高速平稳运行的情况下方可离开，一般观察时间为10秒左右，这样是为了出现情况时及时按停止键以减少事故的发生
4	收存、保管	脚垫烘干后，便收存、保管好，待车洗好后放入车内

小提示

如果脚垫是塑料的，洗车工可以直接用高压水枪冲洗干净，然后晾干。

（3）注意事项

洗车工在清洁脚垫时，需注意以下事项，清洁脚垫示意图如图5-14所示。

① 一般高端车的脚垫，在其表面不是很脏的情况下，通常实行干洗。

② 在完成洗车后，脚垫应按一一对应的位置放回。如果洗车工有事需要离开时，要和接手的人交代清楚，以免放错。

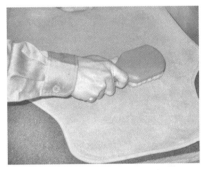
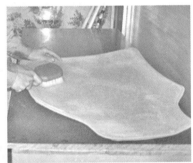

图5-14　脚垫清洁示意

2.5　车内除尘

（1）操作步骤

车内除尘（吸尘）是车内清洗护理的第一步。汽车内饰最忌受潮，潮气会导致内饰发霉、变质，并发出难闻气味。因此，车内除尘应避免采用水洗的方法。洗车工要掌握专业的车内除尘步骤，如表5-4所示。

表5-4 专业的车内除尘步骤

序号	步骤	具体操作
1	整理	将车内的脚垫和杂物取出，抖去尘粒，倒掉烟灰
2	刷洗	刹车踏板等部件，可用小毛刷或蘸有清洗剂的抹布进行刷洗
3	吸尘	用真空吸尘器按照顶棚、仪表盘、座椅、车门内侧、后备箱、地板顺序进行吸尘

（2）注意事项

洗车工在进行车内除尘时，需注意如图5-15所示事项。

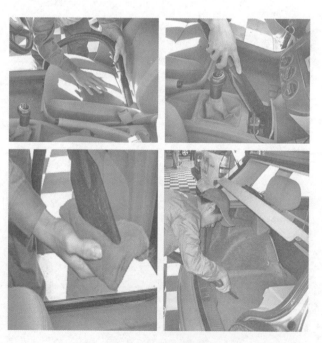

图5-15 车内除尘

① 吸座椅表面灰尘时，吸嘴切勿刮伤桃木，不要忘记清洁烟灰缸等。吸尘器禁止刮碰到车漆。如车内有物品和钱币，一定要先取出来。

② 地板拐角部位的尘垢，必要时应反复吸除。

③ 在吸尘过程中尽量少移动车主的东西，如果移动了，一定要放回原位，可在征得车主同意的情况下移动车内的东西。还可向车内喷洒些香水或空气清新剂（车主同意），这样车主会感到更加满意。

④ 地毯或脚垫、后备箱无沙砾、无垃圾，烟灰缸内干净，脚垫垫好，座椅缝无灰尘，用吸尘器把储物袋、踏脚板上的灰沙彻底吸干净。

2.6 仪表盘清洁

（1）操作顺序

洗车工应从上到下，小毛巾配合小毛刷进行仪表盘清洁，最后进行上光（根据洗车项目确定是否上仪表蜡）。

（2）操作步骤

仪表盘的清洁操作步骤如图5-16所示。

① 先用风枪吹，然后使用专用的毛巾把仪表盘、方向盘等擦拭干净。

② 小毛刷蘸一点水，把仪表盘缝里的东西清理干净，烟灰缸特别脏的要用小毛刷刷洗。

（3）注意事项

在进行仪表盘清洁操作时要特别注意不要误碰音响、空调、中控锁、灯光等按钮。清洁工作完成后应保证仪表盘上无灰尘、无污垢。

图5-16　仪表盘清洁

2.7　擦拭座椅

使用专用的毛巾把座椅从上到下擦拭干净。注意毛巾不能太湿，毛巾以拧不出水为准。

2.8　挡风玻璃的清洁

（1）操作步骤

汽车前、后挡风玻璃的清洁步骤如图5-17所示。

（2）注意事项

清洁前、后挡风玻璃时要注意以下事项。

① 使用专用的玻璃清洁剂（含有润滑清洁功能），及时除去车辆前挡风玻璃的灰尘颗粒，同时也可延长雨刷的寿命。如果使用自来水或自己配备的清洁水，可能会增大雨刷胶条的摩擦力，若一些较大的灰尘颗粒无法及时清除，会使刷片跳动、异响，而且造成刷片损坏。

② 长途行驶或晚上行驶时玻璃上经常有飞虫残骸，如果不及时清理干净，可能会影响雨刷胶条与玻璃的贴合，造成雨刷胶条的损坏。

先以清水清洗玻璃上的尘埃及沙粒

 使用除油膜玻璃清洁剂，将玻璃上的雨渍或其他污渍与油膜一同清除

 再涂上一层新油膜，以便此后玻璃用清水清洁后不留污渍

 使用雨滴玻璃清洁剂清洁

 均匀喷在玻璃表面，用干布轻轻擦干即可

图5-17　挡风玻璃清洁步骤

③ 小心清洁前挡风玻璃上贴标记的地方，不可将其弄脏或弄坏。

2.9　车窗玻璃的清洁

（1）操作步骤

汽车车窗玻璃的清洁步骤如表5-5所示。

表5-5　车窗玻璃的清洁步骤

序号	步骤	具体操作
1	擦玻璃边缝	把玻璃降下来擦拭，先用擦拭门边的干净毛巾（潮湿）对玻璃框的边缝进行擦拭
2	擦玻璃上部	把玻璃升起，用潮湿毛巾擦干水分（三次为准），将玻璃升起一半，擦干净玻璃最上部
3	擦玻璃上下里外	玻璃全部升起，里外擦拭，选用湿毛巾擦拭第一遍（可配合玻璃清洁剂），然后用干毛巾擦拭（擦干水印）

（2）注意事项

在清洁车窗玻璃时，洗车工需注意如图5-18所示事项。

事项一	擦玻璃一定要内外擦，毛巾要干一点的，但不能太硬；毛巾不能脱毛，且吸水效果好
事项二	不要弄坏玻璃上的贴膜，用毛巾套住手指或者小毛刷将玻璃凹槽清洁干净
事项三	对玻璃外层喷玻璃水，用胶刮将玻璃水刮干，然后使用专用的擦车麂皮把玻璃内、外侧擦拭干净
事项四	要求做到玻璃无手印、无水印，也不能有毛巾掉下的毛丝

图5-18　清洁车窗玻璃的注意事项

2.10　地毯（脚垫）归位

（1）操作步骤

地毯（脚垫）归位的步骤如图5-19所示。

| 步骤一 | 将地毯（脚垫）放进已清洁完毕的车内（注意把原来放入的洗车店指定的脚垫抽出来放在客户上车的地面上，再把客户的地毯放入司机位） |

| 步骤二 | 平整地将地毯（脚垫）放入指定位置，塑料脚垫要用毛巾将其水分擦干。垫上的物品要归位 |

图5-19　地毯（脚垫）归位操作步骤

（2）注意事项

洗车工需注意，归位的地毯要有湿的感觉，不能有沙粒，如图5-20所示。

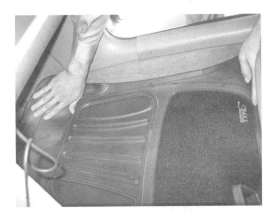

图5-20　地毯（脚垫）归位

2.11　上光护理

（1）操作步骤

先在海绵球上喷上光材料，在装饰件上轻轻擦拭，室外装饰条用橡胶翻新剂均匀擦拭至光亮，如图5-21所示。

（2）注意事项

洗车工需注意，橡胶翻新剂不要喷得过多，不要喷到玻璃、漆面等部位。

图5-21　上光护理

2.12　轮胎清洁与上光

（1）轮胎清洁

使用轮胎刷细致刷洗轮胎，刷洗后再用毛巾擦拭。

（2）轮胎上光护理

用排刷蘸少许轮胎蜡，绕轮胎边均匀擦拭，直到光亮。洗车工需注意节约材料，不要把轮胎蜡弄得满地都是。轮胎上光护理后，要求轮胎又黑又亮，轮毂光亮无污垢。

3　污垢处理彻底：专业手法，焕然一新

汽车内饰部件时常受到外界油渍、尘土、泥沙的侵袭，加上烟雾、汗渍或空调循环中的不良因素，导致车内空气质量下降。地毯、座椅、空调出风口和后备箱等区域，长期接触潮湿的空气，容易导致丝绒材质发霉、真皮座椅老化，并散发出令人不悦的气味。因此，对汽车内部进行定期的清洁护理显得尤为重要。一般建议每三个月进行一次全面的车内专业清洁护理，以确保车内环境的清新与健康。

按照使用设备的不同，汽车内部清洗可以分为机器清洗和手工清洗，具体如表5-6所示。

表5-6　汽车内部清洗方法

序号	类别	具体说明	适用范围
1	机器清洗	机器清洗多使用内饰蒸汽清洗机，配合多功能强力清洁剂清洗。蒸汽清洗机可以清除汽车内饰部件上很难清洗的污渍	一般可用于丝绒、化纤、塑料、皮革等汽车内饰部件的清洗

序号	类别	具体说明	适用范围
2	手工清洗	一般来说，清洗剂应使用负离子纯净水作为溶剂，采用pH值平衡配方。高效的去污配方主要由非离子活性剂、油脂性溶解剂、泡沫稳定剂和香料等组成	难以用机器清洗的各种小部件

4 其他部位清洁：全面呵护，爱车如新

4.1 顶棚清洁护理

汽车顶棚通常采用纤维绒布材质，顶棚的主要污染物包括吸附的烟雾、细微的粉尘以及乘客头部产生的油脂。若不及时清理，这些污染物会在空气湿度的影响下粘附在顶棚上，形成难以去除的污渍。由于顶棚的构造和材质特性，难以使用机器进行彻底清洁，因此通常只能依赖人工操作，以细致的手法进行清理，确保顶棚的清洁与美观。

（1）清洁剂选择

对于化纤织物，应选用专用的化纤织物清洁剂，不能使用碱性较强的洗衣粉或洗洁精。因为这些碱性物质在清洁过程结束后，仍会有一部分残留在织物内部，极易使化纤织物变色、变质。

因此选用化纤织物清洁剂一定要慎重，在没有把握的情况下，最好先用相似的化纤织物进行试用，确认不会使纤维变色或变质后，再进行大面积使用。

（2）清洗方法

因为汽车顶棚污渍清洁不易，掌握好的操作方法可事半功倍。汽车顶棚的清洗方法如表5-7所示。

表5-7　汽车顶棚的清洗方法

序号	清洗方法	具体操作
1	清洁	将化纤织物清洁剂喷到污垢处，稍停片刻，用干的洁净的纯棉布或毛巾将顶棚中的丝绒清洁剂污液吸出，再从污迹边缘向中心进行擦拭
2	抹平	污垢严重时可多次重复以上操作，处理干净后用另一块干净的棉布顺着车顶的绒毛方向抹平，使其恢复原貌

 小提示

车顶棚内的填充物具有隔热与吸音性能，同时其吸水能力也很强。因此，在清洁时务必使用干燥的专用抹布，以防湿抹布导致清洗剂渗透车顶材料，从而引发难以彻底干燥的问题，影响车顶的使用寿命和性能。

4.2　仪表盘等塑胶件清洗

（1）污渍类别

仪表盘与置物箱多为精心设计的塑胶制品，表面布满了细腻的纹理。这些纹理虽然美观，但偶尔也会积聚一些污渍，如灰尘等。不过，这些污渍都相对容易清除，只需稍作打理，即可恢复其原有的整洁与美观。

（2）清洁方法

仪表盘等塑胶件的清洗方法如表5-8所示。

表5-8　仪表盘等塑胶件的清洗方法

序号	清洗方法	具体操作
1	上光	一般是先用湿毛巾擦拭，再使用专用塑胶护理上光剂处理，只需轻轻擦拭，清洁、上光便可一次完成
2	喷洒清洁剂	如果个别部位积垢太多，无法清除时，可以喷洒塑料皮革清洁剂，然后用软毛刷刷除，再用蘸有清水的毛巾擦拭，最后用擦车麂皮吸去上面的水分
3	喷涂保护剂	仪表盘清洁完成后可喷涂一层皮革（或塑料）保护剂，3～5分钟后再用绒布擦拭，即能起到很好的保护作用。最后喷涂一层上光剂，既能保持表面光亮，也不容易沾染灰尘。在使用清洁剂擦拭仪表盘部位时，动作要轻柔，避免划伤仪表盘

 小提示

　　如果方向盘外面包有方向盘套，可先将方向盘套拆下单独处理，方向盘套的材料若为橡胶材质，可以用橡胶清洗剂清洗，然后再用清水冲洗，最后喷涂橡胶保护剂和光亮剂。

4.3　座椅清洁护理

　　座椅作为车辆中使用频率极高的部分，经常与人体接触，因此极易沾染汗渍、油渍及细菌，成为车内清洁的重点区域。在进行座椅的清洁护理时，必须根据座椅的具体材质来选择合适的清洁方法和护理产品，以确保座椅的清洁度和使用寿命，具体如表5-9所示。

表5-9　座椅清洁护理

序号	类别	清洁护理	注意事项
1	化纤织物座椅	机器清洗 将专用化纤织物清洁剂倒入电热式多功能清洗机内，均匀地喷洒在座椅表面。对于污渍较重的地方，可以重点喷涂，并让其渗透片刻。对于座椅表面的细致清洗，建议使用软毛小刷子轻轻刷洗，以彻底去除污渍和残留物 手工清洗 取一块洁净的干毛巾，首先用化纤织物清洗剂适量喷洒在座椅的污渍处，让清洗剂在污渍上停留1～2分钟，以便充分溶解油垢和污物。接着，用毛巾轻轻压在污渍处以挤出溶解的污物液体。之后，从污渍的四周开始，逐渐向中心细致擦拭，或者使用软毛刷轻轻刷洗，确保污渍被彻底清除。最后，用另一块干毛巾或擦车麂皮轻轻按压，吸去残余的水分和清洁剂，使座椅恢复干爽和清洁	(1) 在处理座椅污渍时，务必采用专用的清洁剂，严禁使用汽油、稀料、丙酮等有害溶剂，更不可使用碱性过强的洗衣粉或洗洁精，以防对座椅材质造成损害 (2) 在选购和使用化纤织物清洁剂时，最好先用相似化纤织物进行试用，确保清洁剂不会对织物产生变色或变质的影响后，再进行大面积清洁处理
2	人造革、真皮座椅	(1) 将化纤织物清洁剂喷到座椅表面，从四周向中间逐渐进行，用软布仔细擦拭，稍停片刻，再用一块干的软布将其擦干 (2) 打开车门，使空气流通，晾干皮革上的水分 (3) 将真皮上光保护剂喷在打蜡海绵上，像打蜡一样，均匀涂在座椅表面 (4) 10分钟后用干毛巾擦拭作为最后的上光处理	如果座椅上装有座位套和头枕套时，应取下皮下，用高效多功能洗衣机清洗

4.4　安全带清洁护理

拆下脏的安全带，用中性肥皂水或温水擦洗。不可选用染色剂或漂白剂作为清洗剂清洗，否则会降低安全带的强度。清洗安全带时应注意卷带前，安全带必须完全干透。

4.5　空调通风口清洁护理

空调通风口清洁护理的方法如表5-10所示。

表5-10　空调通风口清洁护理的方法

序号	方法	具体操作
1	弄清位置	弄清空调进出风口和进气滤网位置（有的车型无进气滤网）
2	清洁	清洁时，用真空吸尘器对各进出风口吸尘，然后取下进气滤网，去除灰尘，用湿毛巾擦去进出风口的灰尘和污垢
3	使用海绵条	由于空调通风口有格栅，清洁时使用海绵条蘸取塑料清洗剂处理，也可以用小的软毛刷配合进行仔细清洗

小提示

后排座椅上的控制面板由于较易沾染指纹、油脂和汗渍，应采用塑料清洗剂进行清洁，喷涂后用毛巾轻轻擦拭，但切勿用力过猛，以免损坏电控开关或刮花控制面板。

4.6　汽车室内消毒

（1）汽车室内消毒的重要性

尽管洗车工会在清洁后重新安装地毯（脚垫）、座椅套和头枕套，但车内依然藏匿着许多肉眼难见的细菌，这些细菌难以通过常规清洁完全消除。车内环境密闭，细菌容易积聚在座椅、内饰和顶棚等表面，即便经常开窗通风，也无法彻底去除这些细菌。加之车内的卫生死角较多，使得彻底消毒显得尤为重要。因此，定期对汽车内部进行专业的消毒处理，对于保障乘客的健康和舒适十分重要。

（2）汽车室内消毒的方法

汽车室内消毒一般是采用高温蒸汽进行杀菌消毒。高温蒸汽杀菌消毒的方法如表5-11所示。

表5-11　高温蒸汽杀菌消毒的方法

序号	方法	具体操作
1	杀菌消毒	将一定量的清水倒入蒸汽机中，接通电源，加热约30分钟，同时观察温度表和压力表的读数，当温度达到140℃时，即可用产生的蒸汽对车内部件进行逐一消毒
2	消毒完成	消毒完毕可以选择合适香型，喷洒少量空气清新剂，使车内环境更加舒适（车主同意）

 小提示

洗车工需要注意的是，消毒时注意避免接触电气部分。整个高温蒸汽杀菌消毒的过程大约需要1小时。

客户王先生驾驶着他的白色SUV来到××洗车行。接待员小张微笑着迎上前，热情地向王先生问好，并询问他是否有预约。王先生表示没有预约，并希望进行一次全面的洗车服务。

小张随后引导王先生将车辆停放在指定的洗车区域，并开始对车辆进行初步检查。他仔细查看了车身、车窗、车灯等部分，确认没有划痕或破损，并记录下车辆的型号和车牌号。

小张准备好洗车所需的工具和材料，包括高压水枪、专用洗车液、海绵、毛巾、水桶、轮胎刷、内饰清洁剂等。在确保所有工具都干净整洁，并摆放在方便取用的位置后，小张按以下顺序对车身进行外部清洗。

（1）冲洗：小张使用高压水枪对车身进行冲洗，从上至下、从左至右的顺序进行，确保车身上的沙粒、泥土和污垢都被冲洗干净。

（2）涂抹泡沫：在冲洗完毕后，小张将洗车液倒入水桶中，用海绵蘸取适量的洗车液，均匀地涂抹在车身表面。他特别注意了车身的角落和缝隙，确保泡沫能够充分渗透到这些区域。

（3）擦洗：涂抹完泡沫后，小张使用柔软的海绵或毛巾对车身进行擦洗。他按照从上至下的顺序，从车顶开始，逐步擦洗车身。在擦洗过程中，他特别注意了车漆的状况，避免使用过于粗糙的海绵对车漆造成损伤。

（4）再次冲洗：擦洗完毕后，小张再次使用高压水枪对车身进行冲洗，确保泡沫和污渍都被冲洗干净。他特别注意了车轮和车身的接缝处，确保这些部位也冲洗干净。

冲洗完毕后，小张使用柔软的毛巾将车身擦干。他按照从上至下的顺序，从车顶开始逐步擦干车身。在擦拭过程中，他特别注意了车辆的细节部位，如车窗缝隙、门把手等，确保这些部位也擦干。

随后，小张使用轮胎刷和专用的轮胎清洁剂对车辆的轮胎进行清洁。他仔细刷洗轮胎表面和侧面，去除轮胎上的泥土和污垢，使轮胎恢复原有的光泽。

在车身外部清洗完毕后，小张开始对车辆的内部进行清洁。他使用吸尘器将车内的灰尘和杂物吸走，然后用专用的清洁剂对座椅、地毯、仪表盘等区域进行清洁。在清洁过程中，他特别注意了细节部位，如空调出风口、储物盒等，确保这些部位全部清洁干净。

汽车内部清洁完毕后，小张对车辆进行全面验收。他仔细检查汽车外部和内部的清洁程度，确保没有任何遗漏或不足之处。然后，他将车辆开回交车区，通知王先生前来验收。

王先生看到光亮如新的车辆后非常满意，对小张的服务表示赞赏，并支付了洗车费用。小张将车辆钥匙交还给王先生，并提醒他注意洗车后的保养事项。最后，王先生驾驶着干净整洁的车辆离开洗车行。

案例点评：

通过这个案例，我们不难发现××洗车行在提供人工洗车服务时，对细节和流程管理的重视达到了新的高度，确保每位客户都能享受到卓越品质的洗车体验。同时，员工小张凭借精湛的专业技能和热情周到的服务，赢得了客户的广泛赞誉和高度信任，进一步提升了洗车行的口碑与竞争力。

第 6 章

创新服务与探索

关键词：
技术创新
服务创新
提升体验

洗车店创新服务与探索的重要性不言而喻，这不仅是应对市场竞争的关键策略，也是提升客户满意度、增强品牌竞争力以及实现可持续发展的必经之路。洗车店应该不断关注市场动态和消费者需求变化，积极探索创新服务模式，以提升自身的竞争力和市场地位。

【要点解读】▶▶▶▶ - - - - - - - - - - - - - - - - - -

1 自助洗车引入：便捷高效，顾客自助

相较于传统洗车店，自助洗车以其低廉的价格、全天候的营业时段以及显著的节水优势，赋予客户随心所欲的洗车自由，无惧时间与环境束缚。洗车店采纳自助洗车服务，实为一次行业革新，旨在向客户提供更为灵活便捷、经济实惠的洗车新体验。

一般来说，引入自助洗车服务的要点如表6-1所示。

表6-1　引入自助洗车服务的要点

序号	服务要点	具体说明
1	市场调研与定位	（1）在决定引入自助洗车服务之前，首先要进行市场调研，了解目标客户群体对自助洗车服务的需求和接受程度 （2）确定洗车店的市场定位，确保自助洗车服务符合洗车店的品牌形象和定位
2	设备采购与安装	（1）选择高质量、操作简便的自助洗车设备，确保设备能够稳定、高效运行 （2）在洗车店内选择合适的位置安装自助洗车设备，确保客户能够方便使用
3	服务流程设计	（1）设计简洁明了的自助洗车服务流程，包括客户如何支付、选择洗车程序、使用设备等。 （2）在洗车店内设置清晰的指示牌和操作流程图，帮助客户快速了解并操作自助洗车设备
4	培训与宣传	（1）对员工进行自助洗车设备操作培训，确保员工能够熟练掌握设备的使用方法并解答客户的问题 （2）通过各种渠道宣传自助洗车服务，如社交媒体、广告牌、传单等，吸引客户尝试使用
5	价格策略制定	（1）根据市场调研和成本分析，制定合理的自助洗车服务价格策略 （2）提供多种价格选择，以满足不同客户的需求和预算
6	客户体验优化	（1）确保自助洗车设备操作简便、安全可靠，并提供必要的清洁工具和用品 （2）在洗车店内设置休息区，提供舒适的休息环境和茶水等免费服务，让客户在等待时能够放松身心
7	数据分析与改进	（1）定期对自助洗车服务的使用情况进行分析，了解客户的使用习惯和反馈意见 （2）根据数据分析结果，不断改进自助洗车服务的流程和设备配置，提升客户体验

序号	服务要点	具体说明
8	会员制度建立	（1）引入会员制度，为经常使用自助洗车服务的客户提供优惠和积分奖励 （2）通过会员制度增强客户黏性，提高洗车店的回头客率
9	与其他服务融合	（1）将自助洗车服务与洗车店的其他服务（如人工洗车、内饰清洁等）进行融合，提供一站式的洗车服务解决方案 （2）通过组合套餐或优惠活动吸引客户尝试多种服务，提升洗车店的整体盈利能力
10	持续改进与创新	（1）持续关注洗车行业的最新动态和技术发展，不断引入新的自助洗车设备和服务模式 （2）鼓励员工提出改进意见和建议，推动洗车店的服务创新和发展

2 预约洗车服务：时间自由，随到随洗

洗车店推出预约洗车服务是为了提供更加便捷、高效的洗车体验给客户，同时优化洗车店的工作流程和资源利用。洗车店在推出预约洗车服务时，要把握如表6-2所示的要点。

表6-2 推出预约洗车服务的要点

序号	服务要点	具体说明
1	宣传与推广	（1）在洗车店内外显眼位置张贴预约洗车服务的海报和宣传单 （2）利用社交媒体、官方网站、电子邮件营销等方式向现有客户和潜在客户宣传预约洗车服务的好处 （3）在洗车店的服务台或接待区域设置专门的预约咨询台，方便客户了解并预约服务

序号	服务要点	具体说明
2	选择预约平台	（1）根据洗车店的实际情况选择合适的预约平台，可以是自主开发的预约系统、第三方预约平台或移动应用小程序 （2）确保预约平台易于使用，客户可以便捷地选择洗车时间、服务项目和支付方式
3	设置预约时段	（1）根据洗车店的工作时间和顾客需求，设置合理的预约时段 （2）提供不同时间段的优惠或折扣，以鼓励客户选择非高峰时段进行预约洗车
4	优化服务流程	（1）简化预约流程，确保客户可以快速完成预约操作 （2）在客户预约成功后，自动发送预约确认信息和洗车店地址、联系方式等信息给客户 （3）在预约到店时间前，再次发送提醒信息给客户，确保客户按时到店
5	调整洗车店运营	（1）根据预约情况，合理安排洗车店的工作人员和设备资源，确保在预约时间段内能够高效地完成洗车服务 （2）对于没有预约的客户，可以提供现场等待或现场预约的选项，避免造成资源浪费或顾客等待时间过长
6	建立客户档案	（1）在客户预约时，收集并保存客户的车辆信息和洗车偏好，建立客户档案 （2）根据客户档案，为客户提供个性化的洗车服务推荐和优惠活动
7	收集反馈与改进	（1）在客户完成洗车服务后，邀请客户对预约洗车服务进行评价和反馈 （2）根据客户的反馈和建议，不断优化和改进预约洗车服务流程和服务质量
8	培训员工	（1）对员工进行预约洗车服务的培训，确保员工能够熟练掌握预约系统的操作方法，并能够为客户提供专业的洗车服务。 （2）强调员工在接待预约客户时要热情周到、服务专业，提升客户的整体满意度

序号	服务要点	具体说明
9	与其他服务结合	（1）将预约洗车服务与洗车店的其他服务（如内饰清洁、轮胎保养等）结合起来，为客户提供一站式的汽车服务解决方案 （2）推出预约洗车套餐或优惠活动，吸引客户尝试多项服务，提升洗车店的盈利能力
10	持续改进与创新	（1）持续关注洗车行业的最新动态和技术发展，引入新的预约系统和服务模式，提升预约洗车服务的效率和便捷性 （2）鼓励员工提出改进意见和建议，不断推动洗车店的服务创新和发展

3 上门洗车服务：足不出户，洗车无忧

洗车店提供上门洗车服务是一种创新且便利的服务模式，它能够满足客户在家中或办公室就能享受到专业洗车服务的需求。

洗车店在提供上门洗车服务时，要把握如表6-3所示的要点。

表6-3　提供上门洗车服务的要点

序号	服务要点	具体说明
1	市场调研与定位	（1）在决定提供上门洗车服务之前，首先要进行市场调研，了解目标客户群体对上门洗车服务的需求和接受程度 （2）确定洗车店的市场定位，确保上门洗车服务符合洗车店的品牌形象和定位
2	服务宣传与推广	（1）利用社交媒体、官方网站、本地广告等方式宣传上门洗车服务，突出其便利性和专业性 （2）提供清晰的上门洗车服务流程和价格信息，让客户一目了然

序号	服务要点	具体说明
3	建立预约系统	（1）设立专门的预约渠道，如电话、微信、在线预约平台等，方便客户随时预约上门洗车服务 （2）预约系统应能够记录客户的基本信息、车辆信息、预约时间和地点等，方便后续安排服务
4	组建专业团队	（1）招募具有洗车经验和良好服务态度的员工，组建专业的上门洗车团队 （2）对员工进行上门洗车服务的培训，包括服务流程、沟通技巧、安全操作等
5	准备专业设备	（1）根据上门洗车的特点，准备便携式的洗车设备和工具，如移动式洗车机、水桶、洗车液、毛巾等 （2）确保设备的质量和性能，以满足上门洗车服务的需求
6	优化服务流程	（1）设计合理的上门洗车服务流程，包括接单、出发、到达、洗车、检查和反馈等环节 （2）确保每个环节都高效、有序进行，以提供优质的上门洗车服务
7	保证服务质量	（1）严格按照洗车店的洗车标准和服务流程进行上门洗车服务，确保洗车质量和效果 （2）在服务过程中，注意与客户的沟通和交流，及时解答客户的疑问并收集反馈信息
8	确保安全操作	（1）在上门洗车过程中，注意保护客户的财产和隐私，避免造成损失或纠纷 （2）严格遵守交通规则和安全操作规范，确保员工和客户的安全
9	收集反馈与改进	（1）在服务完成后，邀请客户对上门洗车服务进行评价和反馈 （2）根据客户的反馈和建议，不断优化和改进上门洗车服务流程和服务质量
10	拓展服务范围	（1）根据市场需求和客户反馈，逐步拓展上门洗车服务的范围，如增加服务项目、延长服务时间等 （2）与其他汽车相关服务合作，如汽车美容、维修等，提供一站式的汽车服务解决方案

4 智能化洗车升级：科技引领，智能体验

洗车店引入智能化洗车系统是一个创新的举措，可以大大提升洗车服务的效率、质量和客户体验。以下是一些关于如何在洗车店中引入智能化洗车系统的建议。

洗车店在引入智能化洗车系统时，要把握如表6-4所示的要点。

表6-4　引入智能化洗车系统的要点

序号	把握要点	具体说明
1	系统选择与定制	（1）选择适合洗车店需求的智能化洗车系统，可以考虑系统的自动化程度、洗车效果、耐用性等因素 （2）根据洗车店的实际情况，对智能化洗车系统进行定制，以满足特定的洗车流程和顾客需求
2	安装与调试	（1）安排专业人员进行智能化洗车系统的安装和调试，确保系统能够正常运行并达到预期的洗车效果 （2）在安装过程中，注意系统的电源、水源等基础设施的配备和布局
3	员工培训	对洗车店的员工进行智能化洗车系统的操作培训，确保员工能够熟练掌握系统的使用方法。培训内容包括系统的开关机、洗车流程设置、故障排查等

序号	把握要点	具体说明
4	优化洗车流程	结合智能化洗车系统的特点，优化洗车流程，提高洗车效率。例如，可以设置自动感应、自动喷水、自动刷洗等功能，减少人工操作和时间成本
5	提升服务质量	（1）智能化洗车系统可以提供更加精细、全面的洗车服务，包括车身、轮胎、车窗等部位的清洗 （2）洗车店可以根据客户需求，提供不同档次的洗车服务，满足不同客户的需求
6	建立预约系统	引入智能化洗车系统后，可以建立预约系统，方便客户提前预约洗车时间和地点。预约系统可以与智能化洗车系统相连接，实现自动排班和洗车流程管理
7	环保与节能	洗车店可以进一步推广环保理念，如雨水回收利用、污水循环利用等，提升品牌形象和社会责任感
8	数据管理与分析	（1）智能化洗车系统可以实时记录洗车数据和客户信息，方便洗车店进行数据管理和分析。 （2）通过分析数据，洗车店可以了解客户需求、洗车效率等信息，为改进服务提供参考依据
9	持续改进与创新	（1）引入智能化洗车系统后，洗车店应持续关注行业发展和技术进步，不断改进和创新洗车服务。 （2）洗车店应积极倡导绿色洗车理念，如实施雨水收集利用和污水净化再循环等举措，此举不仅有助于增强品牌形象，更能展现深厚的社会责任感

5 环保洗车倡导：绿色洗车，环保先行

洗车店打造环保洗车概念，不仅能够提升品牌形象和竞争力，还能够为环保事业作出贡献，实现经济效益和环境效益的双赢。

洗车店在打造环保洗车概念时，要把握如表6-5所示的要点。

表6-5　打造环保洗车概念的要点

序号	把握要点	具体说明
1	选择环保洗车材料	(1) 使用无磷、可降解的洗车液和清洁剂，减少对水资源的污染 (2) 选择可重复使用的洗车工具和设备，避免一次性用品的浪费
2	引入节水技术	(1) 安装节水型洗车设备，如高压洗车机 (2) 设计循环水系统，回收并精细过滤用过的洗车水，确保水质洁净后再次用于洗车流程，从而大幅减少水资源浪费
3	优化洗车流程	(1) 简化洗车流程，减少不必要的用水和化学品消耗 (2) 提倡快速洗车服务，缩短客户等待时间，同时减少水电消耗
4	推广绿色产品和服务	(1) 提供环保洗车套餐，强调其环保特性，吸引客户选择 (2) 引入绿色认证，如ISO 14001环境管理体系认证，突出洗车店的环保实力
5	回收废弃物	(1) 设置废弃物回收箱，分类回收洗车过程中产生的废弃物，如废水、废油、废液等 (2) 与回收公司合作，确保废弃物得到妥善处理
6	教育和培训员工	(1) 对员工进行环保知识培训，提高员工的环保意识 (2) 鼓励员工在日常工作中践行环保理念，如节约用水、用电等
7	开展公益活动	(1) 定期组织或参与环保公益活动，如河流清洁、植树造林等，增强洗车店的社会责任感 (2) 邀请客户参与公益活动，增强客户与洗车店的互动和信任
8	宣传和推广	(1) 利用社交媒体、网站、宣传册等渠道宣传洗车店的环保理念和服务 (2) 制作环保主题的宣传视频或图片，吸引更多关注
9	持续改进和创新	(1) 关注环保技术的新发展，不断引入新的环保技术和设备 (2) 鼓励员工提出环保建议和创新点子，推动洗车店在环保方面不断进步

6 增值服务拓展：多元服务，满足需求

洗车店提供增值服务是一种提升客户满意度、增加客户忠诚度和提高店铺收入的有效途径。洗车店可在洗车服务的基础上，提供汽车美容、内饰清洁、轮胎保养等增值服务，具体如表6-6所示。

表6-6　增值服务项目

序号	服务项目	具体说明
1	内饰清洁与护理	（1）提供专业的汽车内饰清洁服务，包括座椅、地毯（脚垫）、仪表盘、门板等部位的深度清洁 （2）提供内饰护理产品，如皮革保养剂、织物清洁剂，帮助客户保持内饰的清洁和美观
2	轮胎护理与更换	（1）提供轮胎清洁和护理服务，如轮胎打蜡，使轮胎保持黑亮如新 （2）提供轮胎气压检查和调整服务，确保行车安全 （3）提供轮胎更换服务，与知名品牌轮胎供应商合作，确保客户获得高品质的轮胎
3	玻璃清洁与修复	（1）提供车窗玻璃深度清洁服务，去除顽固污渍和斑点 （2）提供玻璃划痕修复服务，采用专业技术和设备，修复轻微划痕
4	车身打蜡与镀膜	（1）提供车身打蜡服务，保护车漆免受紫外线、雨水的侵蚀 （2）提供车身镀膜服务，形成一层坚硬透明的保护层，提升车漆光泽度和硬度
5	汽车室内空气净化与除味	（1）使用专业的车内空气净化器，去除车内异味和有害气体 （2）提供香薰和除臭剂，让客户的车内空气更加清新宜人
6	汽车美容与改装咨询	（1）提供汽车美容和改装方面的咨询服务，帮助客户了解最新的汽车美容和改装趋势 （2）可以与专业的汽车美容和改装店合作，为客户提供一站式的汽车服务

7 客户互动加强：提升体验，增强黏性

洗车店为了加强客户互动和体验，可以采取如表6-7所示的策略，以提升客户满意度和忠诚度。

表6-7　加强客户互动和体验的策略

序号	采取策略	具体说明
1	提供个性化服务	（1）了解客户需求：通过与客户交流，了解他们的车辆状况、洗车偏好以及特殊需求 （2）定制洗车方案：根据客户的车辆类型、脏污程度和特殊需求，定制个性化的洗车方案
2	增设互动体验区	（1）设立休息区：为客户提供舒适的休息区，配备免费Wi-Fi、饮品、杂志等，让客户在等待过程中获得愉悦感受 （2）儿童游乐区：为带小孩的客户设置儿童游乐区，配备安全、有趣的游乐设施，让客户更放心地等待
3	数字化互动体验	（1）智能预约系统：开发或采用智能预约系统，让客户可以随时随地预约洗车服务，并实时查看洗车进度 （2）在线支付：提供多种在线支付方式，方便客户快速完成支付 （3）社交媒体互动：利用社交媒体平台，与客户进行互动，分享洗车技巧、优惠活动等信息，提高品牌曝光度
4	定期举办活动	（1）会员日活动：为会员客户设置特定的优惠日，提供洗车折扣、赠品等福利 （2）节日主题活动：结合节假日或特殊时期，举办主题活动，如劳动节洗车优惠、暑假亲子洗车活动等 （3）客户座谈会：定期邀请客户参加座谈会，听取客户意见和建议，不断改进服务质量
5	提供附加服务	（1）汽车美容咨询：为客户提供汽车美容方面的咨询服务，如车漆保养、内饰清洁等 （2）汽车用品销售：在店内销售汽车用品，如洗车液、毛巾、车蜡等，方便客户一站式购物 （3）免费检测服务：为客户提供免费的刹车灯、胎压等检测服务，增强客户信任感

序号	采取策略	具体说明
6	建立客户反馈机制	（1）设立意见箱：在店内设置意见箱，鼓励客户提出宝贵意见和建议 （2）在线评价系统：建立在线评价系统，让客户可以对洗车服务进行评价和打分，了解客户对服务的满意度 （3）及时回应客户反馈：对于客户的反馈和投诉，要及时回应和处理，确保客户问题得到妥善解决

案例分享

　　××洗车坊是一家位于科技园区附近的洗车店，随着周边办公区域和居民区的快速发展，洗车需求日益增加。然而，传统的洗车服务已无法满足现代消费者的需求，尤其是在环保、效率和服务体验方面。因此，××洗车坊决定进行创新服务与探索，打造"智能绿色洗车体验"。

1.创新服务内容

　　（1）智能洗车系统。××洗车坊引入了先进的智能洗车系统，该系统采用高压水枪和旋转刷头，能够自动识别车型和污渍程度，调整洗车参数，确保每辆车都能得到最佳的洗车效果。整个洗车过程由计算机控制，实现自动化和高效化，客户只需将车驶入指定区域，系统便会自动完成洗车工作，大大缩短了等待时间。

　　（2）绿色环保洗车液。××洗车坊研发了绿色环保洗车液，该洗车液采用天然植物提取物和生物降解技术，不含有害化学成分，对车漆无损害，同时能够迅速分解污渍，提高洗车效率。

　　（3）互动体验区。在洗车店内设置了互动体验区，客户可以在等待洗车的过程中享受各种娱乐活动，如观看汽车知识视频、体验

VR汽车游戏等。互动体验区还设有儿童游乐区，为带小孩的客户提供便利，让客户在洗车的同时也能享受亲子乐趣。

（4）会员制度。××洗车坊推出了会员制度，为会员提供专属的优惠和服务。会员可以享受洗车折扣、积分兑换礼品等福利，还能享受更加个性化的洗车服务。

2.实施效果

（1）客户满意度提升。通过引入智能洗车系统和绿色环保洗车液，××洗车坊的洗车效果得到了显著提升，客户满意度也随之提高。客户纷纷表示，××洗车坊的洗车服务不仅高效、便捷，而且安全、环保。

（2）品牌影响力扩大。××洗车坊的"智能绿色洗车体验"吸引了众多客户前来体验，口碑传播迅速，品牌影响力逐渐扩大。越来越多的客户选择××洗车坊作为自己的洗车服务提供商。

（3）收入增加。由于服务质量的提升和客户满意度的提高，××洗车坊的客流量和收入均实现了显著增长。同时，通过推出会员制度和增值服务，进一步增加了收入来源。

案例点评：

××洗车坊凭借其卓越的创新服务与不懈探索，精心打造出独树一帜的"智能绿色洗车体验"，此举不仅显著提升了客户满意度，增强了品牌影响力，还实现了可观的收入增长。这一成功案例充分彰显了洗车店在创新服务与探索道路上的重要性及其蕴含的无限潜力。

第 7 章

安全管理与环保

关键词：
提高意识
排除隐患
保护环境

通过加强安全管理和环保措施的实施，洗车店可以为客户提供更加安全、卫生、环保的洗车服务，提高客户的满意度和忠诚度。同时，这些措施还可以提升洗车店的品牌形象、增强社会责任感，从而吸引更多的客户前来消费。

【要点解读】▶▶▶▷- -

1　员工安全防护：安全至上，预防为主

由于洗车工作涉及多种化学清洁剂和特殊工具的使用，若处理不当，可能会影响员工的皮肤、眼睛及呼吸系统健康。为确保员工安全，须采取全面且有效的安全防护措施，以防范潜在的职业伤害风险。

1.1　配备个人防护装备

个人防护装备指为防止一种或多种有害因素对自身的直接危害

所穿用或佩戴的器具的总称。洗车店为员工配备个人安全防护装备，可避免洗车操作过程中对身体造成直接危害。

洗车店员工常用的个人防护装备主要有表7-1所示的几种。

表7-1　个人防护装备种类

序号	装备种类	具体说明
1	防护眼镜或面罩	洗车过程中，洗涤剂、蒸汽和灰尘等可能飞溅进眼睛，因此佩戴防护眼镜或面罩是必要的
2	手套	使用化学洗涤剂或其他有害物质时，员工应该戴上手套以防止有害物质接触到皮肤
3	防护服	穿适合的长袖工作服，以减少皮肤与有害物质的直接接触
4	防滑鞋	员工应该穿着防滑鞋，以防止在湿滑的地面上滑倒
5	防护帽	在某些情况下，洗车店可能会使用特定的清洁设备或机器，这些设备可能需员工佩戴特定的防护帽或头盔，以确保安全操作

 小提示

洗车店应着力提升店员的个人安全防护意识，让他们充分认识到工作中潜藏的风险，如地面湿滑导致的滑倒、操作不当可能引发的跌倒，以及化学清洁剂直接接触皮肤带来的伤害。在此基础上，店员应主动采取防范措施，确保自身安全，从而营造一个更为安全、健康的工作环境。

1.2　配备应急救援设备

洗车店应配备基本的急救设备，如急救箱等，有条件的可以配备自动体外除颤器（AED）。同时，洗车店应加强员工培训，让员工熟悉使用这些设备，并能够在紧急情况下进行简单的急救处理。

1.3　确定紧急联系人

洗车店应预先设定紧急联络人名单，涵盖医疗机构、消防部门等关键救援力量。在遭遇意外伤害等紧急情况时，迅速与这些紧急联络人取得联系，能够确保及时获得专业的援助与救援，从而最大限度地保障人员安全、降低事故损失。

② 设备安全管理：定期检查，确保稳定

洗车店应加强店内设备安全管理，降低设备故障率，减少安全事故的发生，保障员工和客户的安全，具体措施如表7-2所示。

表7-2　设备安全管理措施

序号	管理措施	具体说明
1	设备定期检查与维护	（1）定期对洗车设备进行全面检查，包括电气系统、水系统、机械部件等，确保设备处于良好的工作状态 （2）根据设备的使用情况和厂家建议，制订合理的维护计划，并按时进行保养和维修 （3）对于出现故障的设备，应及时进行维修或更换，避免继续使用导致安全事故
2	员工培训与教育	（1）对员工进行设备操作和维护的培训，确保他们了解设备的性能、操作方法和安全注意事项

序号	管理措施	具体说明
2	员工培训与教育	（2）强调员工在操作过程中应遵守的安全规定，如不得随意拆卸设备、不得在设备运行时进行检修等 （3）鼓励员工主动报告设备异常情况，以便及时处理和避免潜在的安全风险
3	设备安全操作规程	（1）制定详细的设备安全操作规程，明确设备操作的步骤、注意事项和应急处理方法 （2）将操作规程张贴在设备附近或员工易于看到的地方，方便员工随时学习 （3）定期对操作规程进行审查和更新，以适应设备变化或新的安全要求
4	设备安全防护措施	（1）在设备上安装必要的安全防护装置，如防护罩、防护栏等，避免员工在操作过程中受到伤害 （2）确保设备的电气系统符合安全标准，如接地良好、有漏电保护等 （3）对于高压水枪等高压设备，应设置安全警示标志，并提醒员工注意使用安全
5	设备档案管理	（1）建立设备档案管理制度，记录设备的型号、规格、生产厂家、购买日期、维修记录等信息 （2）通过档案管理，可以及时了解设备的状况和历史记录，为设备的维护和更换提供依据
6	安全检查和隐患排查	（1）定期对洗车店进行全面的安全检查，发现潜在的安全隐患须及时处理 （2）鼓励员工参与安全检查，提高员工的安全意识和自我保护能力 （3）对于发现的安全隐患，应制定整改措施并跟踪整改情况，确保问题得到及时解决
7	应急处理措施	（1）制定洗车店的应急处理措施，包括设备故障、电气故障、火灾等突发事件的应对方法 （2）定期组织员工进行应急演练，提高员工的应急处理能力和协作能力

3 现场安全管理：规范操作，防范事故

（1）确保工作区域整洁、干燥，避免员工滑倒或跌倒的风险。

（2）在洗车过程中，设置警示标志或围栏，以隔离工作区域，防止客户或其他人员进入工作区域或接触危险设备。

（3）在洗车前，应向客户说明安全注意事项，并提醒客户保管好个人物品。

（4）确保通风良好，减少化学气体和有害物质的积聚。

（5）制定环境清洁制度，定期对洗车店内外进行清扫和消毒。

（6）设置垃圾分类收集箱，鼓励员工和客户进行垃圾分类投放。

（7）对于噪声较大的设备，应采取隔音措施，如安装隔音罩、隔音墙等。

4 化学品安全管理：严格储存，使用规范

洗车店应加强化学品安全管理，确保化学品的安全使用和处理，保障员工和客户的健康与安全，同时也有助于保护环境，具体措施如表7-3所示。

表7-3　化学品安全管理措施

序号	管理措施	具体说明
1	化学品采购与储存	（1）采购时应选择符合国家标准的合格化学品，确保供应商具有相应的资质和证书 （2）化学品应存放在专门的储存区域，远离火源、热源和儿童可触及的地方 （3）储存区域应设有明显的警示标志，标明化学品的名称、危险性等级、防护措施等信息

序号	管理措施	具体说明
2	化学品分类与标识	（1）化学品应进行分类存放，如清洁剂、除锈剂、蜡等，避免混淆使用 （2）每种化学品都应贴有清晰的标签，标明化学品的名称、生产日期、保质期、使用说明等信息
3	化学品使用	（1）员工应接受化学品使用的培训，了解化学品的性质、危害和正确的使用方法 （2）使用化学品时应佩戴适当的防护装备，如手套、护目镜、口罩等，防止化学品直接接触皮肤和眼睛 （3）遵循化学品的使用说明书，不得随意更改使用方法和浓度
4	化学品泄漏处理	（1）制定化学品泄漏应急预案，确保在发生泄漏时能够迅速、有效地处理。 （2）员工应了解泄漏处理的基本步骤和方法，如立即关闭泄漏源、使用吸收材料吸附泄漏物、通风换气等
5	化学废弃物处理	（1）化学废弃物应按照相关规定进行分类和处理，不得随意倾倒或丢弃 （2）化学废弃物应交由具有相应资质的机构进行处理，确保化学废弃物得到安全、环保的处理
6	化学品安全管理制度	（1）制定化学品安全管理制度，明确化学品的采购、储存、使用、废弃等各个环节的管理要求 （2）建立化学品管理档案，记录化学品的采购、使用、废弃等情况，以便于追溯和管理 （3）定期对化学品进行盘点和检查，确保化学品的数量和质量符合要求
7	加强员工培训和意识提升	（1）定期组织员工进行化学品安全培训，提高员工的安全意识和操作技能 （2）加强员工对化学品安全管理的重视和认识，确保员工能够自觉遵守化学品安全管理制度

5 消防安全管理：配备齐全，培训到位

洗车店应加强消防安全管理，提升消防安全标准，确保员工与客户的生命安全，营造更为安心的服务环境，具体措施如表7-4所示。

表7-4 消防安全管理措施

序号	管理措施	具体说明
1	制定消防安全制度	（1）制定并严格执行消防安全制度，明确员工的消防安全职责和义务 （2）定期对员工进行消防安全培训，提高员工的消防意识和应急处理能力
2	配备消防设施和器材	（1）根据洗车店的规模和实际情况，合理配置消防设施和器材，如灭火器、消火栓、消防沙等 （2）确保消防设施和器材完好有效，并定期进行维护保养和检查
3	合理布局和分区	（1）洗车店内部应进行合理的布局和分区，确保疏散通道畅通无阻 （2）禁止在疏散通道、安全出口等关键位置堆放杂物或设置障碍物
4	易燃易爆物品管理	（1）加强对易燃易爆物品的管理，如汽油、机油等，确保这类物品储存在安全的位置，且务必远离火源 （2）定期检查易燃易爆物品的储存情况，确保没有泄漏或损坏
5	火灾隐患排查	（1）定期对洗车店进行火灾隐患排查，及时发现并整改火灾隐患 （2）重点关注电线电路、电气设备、燃气管道等易引发火灾的部位
6	制定应急预案	（1）制定火灾应急预案，明确应急处理流程和人员职责 （2）定期组织员工进行火灾应急演练，提高员工的应急处理能力

序号	管理措施	具体说明
7	消防宣传和教育	(1) 在洗车店内设置消防安全宣传栏或展板，向员工和客户宣传消防安全知识 (2) 鼓励员工和客户积极参与消防安全工作，共同维护消防安全
8	与消防部门保持联系	(1) 洗车店应与当地消防部门保持联系，及时了解消防安全政策和要求 (2) 在发生火灾等紧急情况时，及时报警并请求消防部门的支援

6 废水处理合规：环保要求，严格执行

洗车店无疑会产生大量废水，因此，必须高度重视废水处理与合规排放。通过有效的处理措施，确保废水符合环保标准，不仅有助于保护环境，还能促进水资源的节约，从而降低洗车店的运营成本，实现可持续发展。

6.1　废水处理

对于洗车产生的废水，洗车店可采取如表7-5所示的方法进行处理。

表7-5　废水处理方法

序号	处理方法	具体说明
1	预处理	(1) 沉淀法：使用沉淀池将废水暂时停留，通过重力作用使废水中的悬浮物自然沉降到底部，然后通过污泥泵将其排出

序号	处理方法	具体说明
1	预处理	（2）筛滤法：通过过滤网将废水中的大颗粒物质和悬浮物拦截下来，达到初步净化水质的目的
2	物化处理	（1）活性炭吸附：利用活性炭良好的吸附性能，去除废水中的有机物、重金属离子等污染物 （2）化学沉淀：在废水中加入化学药剂，使废水中的溶解性污染物发生化学反应，生成不溶性的沉淀物，再通过固液分离将沉淀物去除 （3）混凝法：向废水中投加混凝剂，使废水中的胶体和细微悬浮物凝聚成絮凝体，再通过沉淀或过滤的方式将其去除
3	生化处理	（1）活性污泥法：通过曝气使废水中的溶解氧与微生物充分接触，使有机物得到降解，这种方法是常用的生化处理方法之一 （2）生物滤池法：通过填充一定高度的滤料，使废水在填料表面形成一层生物膜，利用生物膜的代谢作用去除废水中的有机物
4	深度处理	如果需要更高的水质要求，可以采用膜分离法、高级氧化等深度处理方法，进一步去除废水中的污染物

 小提示

选择合适的废水处理设备也是关键。全自动洗车废水循环水处理设备、一体化斜管沉淀池等都是常见的选择，这些设备可以提高废水处理的效率和效果。

6.2　废水排放

（1）废水排放应通过专用排放管道直接导入污水处理厂或指定

的环保处置设施，严格把控，以保障周边环境及水体安全，杜绝任何形式的污染。

（2）洗车店应定期对废水进行监测，确保废水中的COD（化学需氧量）、BOD（生化需氧量）、SS（悬浮物）等指标不超过规定的排放限值。监测结果应记录并保存，以备环保部门检查。

6.3　废水循环利用

废水循环利用不仅显著减少废水排放量，还能有效节约水资源，进一步降低洗车店的运营成本。鉴于此，洗车店在条件许可的情况下应积极推行废水的循环利用，例如，将经过适当处理的水质达标废水用于车辆冲洗、植物浇灌等，以实现资源的最大化利用。

案例分享

××洗车店，位于城市繁华地段，每天接待大量客户。随着环保意识的增强和安全管理需求的提升，该洗车店决定实施一系列的安全管理和环保措施，以提升服务质量和企业形象。

一、安全管理措施

1.员工安全培训

（1）该洗车店定期组织员工参加安全培训课程，包括设备操作规范、急救措施、消防知识等。

（2）培训后，进行安全知识考核，确保每位员工都能熟练掌握安全操作规程。

2.设备安全检查与维护

（1）洗车店建立了设备安全检查制度，定期对洗车机、烘干机、电源线路等进行检查和维护。

（2）设立专门的维修团队，负责设备的日常维护和紧急维修工作，确保设备处于良好运行状态。

3.现场安全管理

（1）在洗车区域设置明显的警示标识，如"小心地滑""注意电源"等，提醒客户和员工注意安全。

（2）安排专职人员负责现场巡视，及时发现并处理安全隐患。

（3）在店内安装高清监控设备，实时监控店内情况，确保安全。

4.应急预案制定与演练

（1）洗车店制定了详细的应急预案，包括火灾、泄漏等突发事件的应对措施。

（2）定期组织员工进行应急演练，提高员工应对突发事件的能力。

二、环保措施

1.废水处理系统

（1）洗车店引进了先进的废水处理系统，包括沉淀池、过滤装置和活性炭吸附器等。

（2）废水经过处理后，COD、BOD和SS等污染物指标均低于当地环保部门规定的排放标准。

（3）定期对废水处理系统进行检查和维护，确保其正常运行。

2.使用环保型洗车用品

（1）洗车店选择使用生物降解性强的环保型洗车用品和清洗剂，减少对环境的污染。

（2）严格控制洗车用品和清洗剂的使用量，避免浪费和污染。

3.节能减排

（1）店内照明采用LED节能灯具，降低能源消耗。

（2）安装节水设备，如节水型洗车喷枪和自动感应水龙头等，减少水资源浪费。

（3）鼓励员工采取绿色出行方式，如骑行自行车、乘坐公共交通等，减少碳排放。

4.绿色植物装饰

（1）在店内和周围区域种植绿色植物，改善空气质量，增加氧气含量。

（2）绿色植物还能吸收部分噪声和灰尘，为客户和员工创造一个舒适的环境。

三、成果与影响

1.安全管理成果

（1）自实施安全管理措施以来，该洗车店未发生过安全事故，员工和客户的安全得到了有效保障。

（2）员工的安全意识明显提高，形成了良好的安全文化氛围。

2.环保成果

（1）废水处理系统的运行效果显著，废水排放符合环保要求，赢得了客户和环保部门的认可。

（2）环保型洗车用品的使用减少了化学污染物的排放，对环境的负面影响得以降低。

（3）节能减排措施的实施降低了洗车店的运营成本，提高了经济效益。

3.企业形象提升

（1）该洗车店通过实施安全管理和环保措施，提升了自身的品牌形象和社会责任感。

（2）客户对洗车店的评价普遍提高，口碑很好，吸引了更多新客户。

案例点评：

　　××洗车店通过实施一系列精心策划的安全管理和环保策略，显著提升了其服务品质与品牌形象。这些措施不仅确保了员工和客户的安全，同时也为环境保护贡献了力量，实现了经济效益与社会效益的双重提升。期望这一成功案例能为其他洗车店树立标杆，提供宝贵的经验借鉴与参考。

第 8 章

全面营销与推广

关键词:
制定策略
引流获客
提升销量

营销推广是提升洗车店知名度和品牌影响力、增加客流量和销售业绩、建立门店与客户之间的紧密联系、应对市场变化和竞争挑战的重要手段。洗车店应高度重视营销推广工作,制定科学合理的营销策略,积极开展各种营销活动,以实现更好的经营效果。

【要点解读】▶▶▶▶ - - - - - - - - - - - - - - - - -

1 公众号营销布局:内容为王,粉丝经济

公众号营销是指通过微信公众平台,策划一系列互动性强的营销活动,旨在与客户建立稳固、频繁的沟通,深化互动体验,从而赢得客户的信任与青睐。这样的策略不仅有助于提升品牌形象和知名度,更能有效促进销售增长,吸引更多忠实粉丝的加入。

对于洗车店来说,实施微信公众号营销需把握如表8-1所示的要点。

表8-1　微信公众号营销实施要点

序号	实施要点	具体说明
1	完善微信公众号	（1）创建一个专业且吸引人的微信公众号，使用高质量的洗车店图片作为头像和封面 （2）在公众号简介中清晰地描述汽车店的服务、位置、联系方式等信息 （3）定期发布有价值的内容，如洗车技巧、汽车保养知识、店内优惠活动等，吸引潜在客户关注
2	设计优惠活动	（1）设计一些吸引人的优惠活动，如新客户首次洗车打折、会员专享优惠等，并在微信公众号上进行宣传 （2）鼓励客户通过微信朋友圈分享优惠信息，扩大活动影响力
3	开发微信小程序	（1）开发微信小程序，方便客户直接在线预约洗车、查询服务详情、购买洗车套餐等 （2）在微信小程序中设置积分系统或会员系统，增加客户的黏性和忠诚度
4	与社交媒体合作	（1）与其他微信上的汽车相关公众号或汽车社群进行合作，互相推广 （2）邀请一些知名的汽车博主或大V来店体验，并让他们在社交媒体上分享他们的体验
5	利用微信广告	（1）投放微信朋友圈广告或公众号广告，精准定位目标用户群体，提高广告的转化率 （2）根据广告数据不断优化广告内容和投放策略
6	举办线上互动活动	（1）在微信上举办一些有趣的互动活动，如洗车知识竞赛、车主分享会等，吸引更多客户参与 （2）设置一些奖励机制，如红包、优惠券等，激励客户积极参与并分享活动
7	关注客户评价与反馈	（1）鼓励客户在微信上留下评价和反馈，及时了解客户的需求和意见 （2）对客户的反馈进行及时回应和处理，提高客户满意度和忠诚度

序号	实施要点	具体说明
8	定期推送消息	（1）定期向关注公众号的客户推送洗车店的最新消息、优惠活动等信息 （2）注意推送频率和内容质量，避免过度打扰客户或发送无价值的信息
9	建立微信社群	（1）建立或加入与洗车相关的微信群或社区，与潜在客户进行互动和交流 （2）在社群中分享洗车店的优惠信息、服务体验等内容，提高洗车店的知名度和曝光率
10	形成良好口碑	（1）鼓励满意的客户在微信上分享他们的洗车体验，形成良好的口碑传播 （2）提供优质的服务和体验，让客户愿意主动向朋友推荐你的洗车店

2 短视频营销创意：视觉冲击，引流利器

洗车店短视频营销，作为一种前沿的推广策略，通过生动直观的视频形式，巧妙展现洗车店的专业服务、精湛技术以及舒适环境，从而精准吸引并打动潜在客户。

洗车店在实施短视频营销时，需把握如表8-2所示的要点。

表8-2　短视频营销实施要点

序号	实施要点	具体说明
1	明确目标受众	在制作短视频之前，首先要明确目标受众是谁。根据洗车店的特点和定位，确定目标受众的年龄、性别、兴趣爱好等，以便更好地制定营销策略
2	突出服务特色	洗车店的服务是吸引客户的关键。在短视频中，要突出洗车店的服务特色，如洗车技术、洗车流程、洗车效果等。可以通过对比，展示自己的优势和不同之处

序号	实施要点	具体说明
3	展示环境设施	洗车店的环境和设施也是吸引客户的重要因素。在短视频中，可以展示洗车店的内部环境、设备、工具等，让客户感受到洗车店的专业和舒适
4	制作优质内容	（1）内容要有价值、有趣、有吸引力。提供客户感兴趣的信息、故事或娱乐元素 （2）保持内容的更新频率，定期发布新的短视频，保持客户的关注度 （3）可以创作一些有趣的内容。例如，可以拍摄一些洗车过程中的搞笑瞬间、员工之间的互动等，增加视频的趣味性和观赏性
5	使用故事叙述	将产品或服务融入一个有趣或感人的故事中，使客户更容易产生共鸣和情感共振，因为故事化的内容往往更具吸引力
6	利用互动元素	在短视频中加入互动元素，如提问、投票、挑战等，鼓励客户参与并分享。这样不仅可以增加客户的参与度，还可以提高短视频的曝光率
7	优化标题和标签	为短视频编写吸引人的标题，并使用与视频内容相关的标签。这样有助于提高短视频在搜索引擎和社交媒体平台上的可见性
8	提供优惠和奖励	在短视频中宣传优惠活动或奖励计划，鼓励客户采取行动（如关注、点赞、分享等）以获取奖励。这样不仅可以提高短视频的参与度，还可以促进销售和转化
9	利用社交媒体平台	将短视频发布到各大社交媒体平台，如抖音、快手、微博等，可以让更多的客户看到并分享。同时，可以利用社交媒体平台的互动功能，与客户进行互动，提高客户的参与度和黏性
10	合作与联合推广	与其他相关行业或品牌进行合作与联合推广，可以扩大洗车店的知名度和影响力。例如，可以与汽车美容店、汽车配件店等合作，共同推出优惠活动或套餐服务
11	数据分析与优化	定期分析短视频的观看量、点赞量、评论量等数据，了解客户的反应和喜好。根据数据分析结果，不断优化短视频的内容和形式，提高短视频的质量和效果

洗车店短视频制作攻略

洗车店要制作出优质的短视频，可以遵循以下步骤和策略。

1.明确目标和定位

首先确定短视频的目标，是为了吸引新客户、展示服务流程，还是传递洗车知识等。然后根据目标受众确定短视频的定位，是面向汽车爱好者、车主还是普通消费者。

2.策划内容

设计吸引人的故事情节或展示流程，如洗车前后的对比、使用特殊工具或专业技术的过程等。也可融入洗车知识或技巧，让客户在观看视频的同时学到一些有用的知识。

3.高质量拍摄

（1）使用稳定的拍摄设备，确保画面清晰、不晃动。

（2）选择合适的拍摄角度和光线，突出洗车过程和车辆的细节。

（3）拍摄过程中注意画面构图和色彩搭配，使视频更具吸引力。

4.文案和脚本

（1）编写简洁明了、有吸引力的文案，用于视频开头、结尾或关键部分。

（2）设计脚本，确保视频内容逻辑清晰、叙述流畅。

5.剪辑和特效

（1）使用专业的视频剪辑软件，对拍摄素材进行剪辑、拼接和整理。

（2）添加适当的转场效果、音效和字幕，增强视频的表现力。

（3）可以运用一些特效处理，如调整颜色、添加滤镜等，使视频更具吸引力。

6.配乐和音效

（1）选择与视频内容相符的配乐，增强观众的观看体验。

（2）在关键部分添加音效，如水流声、刷子声等，让客户更直观地感受洗车过程。

7.发布和推广

（1）将制作好的短视频发布到各大社交媒体平台，如抖音、快手、微博等。

（2）利用标签、关键词等提高视频的曝光率。

（3）与汽车相关的KOL或博主合作，扩大视频的影响力。

8.持续优化

（1）分析视频数据，了解观众喜好和观看习惯，根据反馈调整视频内容和制作方式。

（2）尝试不同的拍摄手法和风格，探索更适合自己的短视频制作方式。

3 价格策略调整：灵活定价，促销吸引

价格是客户选择洗车店的重要因素之一。洗车店应根据市场情况和自身成本，制定合理的价格，具体可参考表8-3所示的定价策略。

表8-3　洗车店定价策略

序号	实施要点	具体说明
1	差异化定价	（1）根据不同的服务内容和质量，设定不同的价格。例如，基础洗车服务价格较低，而包含打蜡、抛光等增值服务的价格则相应提高 （2）根据洗车时间的不同，设定不同的价格。例如，高峰时段价格稍高，以平衡供求关系
2	折扣与优惠	（1）推出会员卡制度，为会员提供折扣优惠或积分兑换服务 （2）设立新客户首次洗车优惠，吸引新客户尝试服务 （3）推出节日或特定活动的折扣优惠，如"五一""国庆"等节假日，或者与电商平台合作推出优惠券
3	套餐定价	将多种服务组合成套餐，以更优惠的价格提供给客户。例如，将基础洗车、内饰清洁和轮胎保养等服务组合成套餐，以吸引客户购买
4	动态定价	根据市场需求和季节变化，灵活调整价格。例如，在雨季或冬季，由于洗车需求减少，可以适当降低价格以吸引客户
5	价格透明化	（1）在店内明显位置展示价格表，确保客户对价格有清晰的了解 （2）在接受服务前，向客户解释清楚每项服务的价格及内容，避免产生误解
6	价值定价	强调洗车服务的价值，如使用环保材料、专业设备和技术等，使顾客认为支付的价格是合理的

4 社群营销运营：社群互动，口碑传播

洗车店的社群营销是一种有效的策略，可以通过社交媒体平台构建、运营和管理社群，吸引潜在客户并转化为忠诚客户，从而实现品牌传播和销售转化。

洗车店在实施社群营销时，需把握如表8-4所示的要点。

表8-4 社群营销实施要点

序号	实施要点	具体说明
1	明确社群目标	（1）确定社群的目标受众，如车主、爱车人士等 （2）设定社群的目标，如提高品牌知名度、增加客户黏性、促进销售等
2	创建社群	（1）选择适合的社交媒体平台，如微信、QQ、微博等，创建官方社群 （2）设计有吸引力的社群名称、头像和简介，展示洗车店的专业形象
3	提供有价值的内容	（1）分享洗车、汽车养护知识，帮助客户解决日常问题 （2）发布洗车店的活动信息、优惠信息，吸引客户参与 （3）分享客户的好评和案例，提高品牌的信誉度
4	互动与沟通	（1）鼓励社群成员提问、分享经验，客服要积极回答客户的问题 （2）定期组织话题讨论、投票等活动，增加社群的活跃度 （3）设立专门的客服或顾问，提供个性化的服务，增强客户的归属感
5	打造品牌形象	（1）通过社群展示洗车店的专业技术、优质服务和良好环境 （2）邀请客户分享在洗车店的体验，形成良好的口碑传播 （3）展示洗车店的公益活动和社会责任，提升品牌形象

序号	实施要点	具体说明
6	运用社群营销工具	（1）利用社群内的优惠券、红包等营销工具，促进客户消费 （2）设立积分制度，鼓励客户参与社群活动并兑换礼品 （3）开展团购、拼团等活动，提高销售额和客户黏性
7	数据分析与优化	（1）定期分析社群的活跃度、参与度、转化率等数据，了解社群运营的效果 （2）根据数据分析结果，调整社群营销策略和内容，提高社群营销的效果
8	培养忠实用户	（1）关注客户的反馈和需求，不断优化产品和服务 （2）设立会员制度，为忠实客户提供更多优惠和专属服务 （3）邀请忠实客户参与社群的管理和运营，提高客户的参与度和归属感

5 促销推广活动：创意不断，吸引眼球

为了进一步扩大客户群并提升业务繁荣度，洗车店可精心策划一系列别出心裁的促销活动，以吸引更多客户的青睐，具体如表8-5所示。

表8-5 促销活动类型

序号	活动类型	具体说明
1	首次洗车免费或折扣	新客户首次光临洗车店可以享受免费洗车或特定折扣优惠，以吸引他们体验服务
2	会员优惠计划	推出会员制度，会员可以享受洗车折扣、积分累积、会员日特惠等福利

序号	活动类型	具体说明
3	套餐优惠	设计多种洗车套餐,如基础洗车套餐、内外全面清洁套餐、豪华洗车套餐等,并提供相应的价格优惠
4	季节性优惠	根据季节变化推出相应的优惠活动,如冬季推出防冻洗车服务,夏季推出降温洗车服务等
5	节假日促销	利用节假日(如春节、国庆、中秋等)推出特色优惠活动,如节日装饰洗车、节日洗车套餐等
6	推荐有奖	鼓励现有客户推荐新客户,并为推荐成功的客户提供洗车券、折扣券或现金奖励
7	生日优惠	为会员提供生日优惠,如生日当天洗车免费或享受特别折扣
8	团购优惠	与团购网站或平台合作,推出团购洗车服务,吸引更多客户参与
9	限时特惠	在特定时间段内提供限时优惠,如每天前几位客户享受特价洗车,或者周末特惠等
10	联合促销	与其他汽车相关商家(如加油站、汽车维修店、汽车配件店等)合作,共同推出联合促销活动,互相推荐客户并共享优惠
11	忠诚客户奖励	为长期光顾的客户提供额外奖励,如赠送洗车券、提供专属优惠等
12	优惠券发放	制作并分发洗车店的优惠券,客户在下一次消费时可以使用优惠券享受优惠

 小提示

这些促销活动可以根据洗车店的实际情况和客户需求进行灵活调整和创新,以吸引更多客户并保持用户黏性。

洗车店实施跨界合作，是一种新颖且极具发展潜力的方法。此举不仅有助于洗车店拓宽服务领域，增强客户忠诚度，更能与不同行业构建起互惠互利的合作关系，共同开创双赢局面。

一般来说，洗车店可以跨界合作的行业如表8-6所示。

表8-6　洗车店跨界合作实施要点

序号	合作行业	具体说明
1	汽车相关行业	（1）汽车维修店/汽车美容店：洗车店可以与这些店铺合作，提供一站式服务，让客户在享受洗车服务的同时，也能进行汽车维修或美容 （2）汽车租赁公司：合作推出"租车＋洗车"套餐，为租车客户提供方便的洗车服务，同时增加洗车店的客源 （3）保险公司：与保险公司合作，为购买车险的客户提供洗车优惠或免费洗车服务，提高客户满意度和忠诚度
2	商业地产	（1）购物中心/商业广场：在购物中心或商业广场设立洗车店，为购物或休闲的客户提供方便的洗车服务。同时，购物中心或商业广场可以通过提供优惠活动或联合推广，吸引更多客户前来消费 （2）加油站：在加油站附近设立洗车店，为加油的客户提供洗车服务。这种合作可以实现资源共享，提高洗车店的曝光率和客户流量
3	互联网平台	（1）线上预约平台：与线上预约平台合作，让客户可以通过手机App或网站进行洗车预约，提高洗车店的运营效率和服务质量 （2）电商平台：在电商平台上开设洗车店旗舰店，销售洗车相关的产品或服务，扩大销售渠道和市场份额
4	其他行业	（1）与其他行业合作举办汽车文化节、汽车展览会等活动，展示洗车店的服务和技术实力，提高品牌知名度和影响力 （2）举办优惠活动或会员专享活动，吸引更多客户前来消费，并与其他合作伙伴共同分享客户资源 （3）利用洗车店的客户资源优势，开展汽车贷款、二手车交易、汽车车险等相关业务，为客户提供更全面的服务 （4）与其他行业合作开发新的产品或服务，如推出与洗车相关的环保产品、车载用品等，增加收入来源

🌐 案例分享

　　"××洗车"是一家位于城市繁华商业区的小型洗车店。由于周边竞争激烈，店铺在开业初期面临客户流量不足、知名度低的问题。为了改变这一状况，店铺决定实施一系列创新的营销推广策略。

1.目标定位

　　"××洗车"将目标客户定位为周边社区的居民和附近商业区的上班族，他们追求方便、快捷且价格合理的洗车服务。

2.营销推广策略

　　（1）开业优惠活动。在开业初期，推出"开业三天洗车免费"活动，吸引周边居民和过路司机前来体验。这一活动迅速引起了社区内的关注和讨论，为店铺带来了大量新客户。

　　（2）社区合作推广。与周边社区居委会合作，在社区内发放宣传单页，介绍洗车店的特色服务和优惠活动。同时，在社区公告栏和社区微信群中发布广告信息，提高店铺在社区内的知名度。

　　（3）社交媒体营销。开设"××洗车"官方微信公众号和抖音账号，定期发布洗车店的动态、优惠活动、客户评价等内容。同时，与社区内的大V或KOL合作，邀请他们到店体验并和粉丝分享感

受，进一步扩大店铺的影响力。

（4）会员制度。推出会员制度，为会员提供洗车折扣、积分累积、会员日特惠等福利。同时，鼓励会员在社交媒体上分享自己的洗车体验，为店铺带来更多潜在客户。

（5）口碑营销。提供优质的服务和产品，确保客户满意度。在客户离店时，赠送小礼品或优惠券，并邀请客户留下评价和建议。鼓励对服务满意的客户向亲朋好友分享自己的洗车体验，形成良好的口碑传播。

（6）环保理念宣传。强调洗车店的环保理念和专业技术，如使用环保洗车液、节能设备等。在店内设置环保知识展板，向客户宣传环保知识，提升店铺的形象和吸引力。

3.效果评估

经过一系列营销推广策略的实施，"××洗车"的知名度逐渐提高，客户流量显著增加。在社交媒体上，店铺的关注度不断上升，越来越多的客户通过社交媒体了解到洗车店并前来体验。同时，会员制度也取得了良好的效果，会员数量稳步增长，为店铺带来了稳定的客源。

案例点评：

"××洗车"凭借其别具一格的营销创新策略，在社区内显著提升了品牌知名度，并成功吸引了众多新客户的光顾。这一案例凸显出，针对目标客群定制精准的市场营销策略、巧妙运用社交媒体与社区网络扩大影响力、持续提供卓越的服务与产品以及高度重视口碑效应，均是推动洗车店知名度飞跃的关键因素。

第 9 章

客户管理与维护

关键词：
拓展新客户
维护老客户
提升满意度

洗车店中客户管理的重要性不容忽视，它直接关系到店铺的长期发展和盈利能力。洗车店应重视客户管理工作，通过建立完善的客户管理体系和制度，不断提高客户满意度和忠诚度，实现长期稳健的发展。

【要点解读】▶▶▶ -

1 新客户开发策略：拓展渠道，吸引新客

新客户指的是那些未在本店体验过洗车服务的客户，开发新客户对于洗车店而言，不仅是超越竞争对手的必由之路，更是扩大经营规模、实现持续发展的关键环节。新客户的来源主要涵盖两大类：首先是日益增长的汽车新客户群体，他们为洗车市场注入了新的活力；其次，是那些因各种原因从其他洗车店转移而来的客户，他们寻求更优质的服务体验，成为洗车店新的目标客户群体。

1.1　开业优惠吸引新客户

开发新客户对于新开的洗车店尤为重要，应充分利用开业的大好时机，采取各种优惠措施吸引客户。

（1）公务车。对于机关、团体及各企事业单位的公务车，洗车店可以直接与公务车较多的单位联系，向他们发出参加开业酬宾的邀请函和临时贵宾卡，并规定凡在试营业期间和开业当天到洗车店进行洗车养护的客户可以获得特别的优惠，并可获得有效期为1年的贵宾卡。

 小提示

> 邀请函中应注明：开业以后不再发放同等优惠和更加优惠的消费卡。为了信守承诺，开业以后再次发放优惠卡时，优惠幅度应低于开业前发出的优惠卡，若优惠幅度高于开业前发出的优惠卡，应严格限制并做特别说明。

（2）私家车。对于私家车一般通过直接向客户发放优惠卡或邀请函的方式，比如直接到居民住宅小区向居民投放优惠卡或邀请函，或到小区停车场将优惠卡或邀请函置于车上，也可以向私家车拥有率较高的单位发放优惠卡或邀请函。

（3）派发优惠券。洗车店还可以委托附近的加油站以发放小礼品的方式夹带优惠卡或邀请函，或派专人到繁华地段的商业区向过往行人散发优惠卡或邀请函。

1.2　与汽车销售商合作争取新客户

抓住客源的关键是在消费者购买汽车时就使之成为本洗车店的客户。具体的策略是与当地主要的汽车销售商建立战略合作关系，汽车销售商每卖出了一辆汽车就送一张洗车店会员卡，并且可以在不定期限内享受一次或几次免费以及特别的优惠服务，从而最大限度地吸引新客户。

1.3　吸引其他洗车店客户

吸引其他洗车店的客户转移至本店，相较于吸引新客户而言，难度确实更大。为了达成这一目标，需要付出更多的努力。以下是需要特别关注的几个方面。

（1）为了全面掌握当地其他洗车店的服务状况及客户群体特点，可实施详尽的调查问卷，进行深度分析和研究。

（2）在收集数据后，需细致分析竞争对手在服务上的不足，并深入挖掘客户的真实需求与期望，以便精准定位服务方向。

（3）在了解市场需求后，需进一步强化自身店铺的服务质量和管理水平，确保每一位从其他洗车店转移而来的客户都能在本店获得超出期望的满意服务。

（4）为了吸引更多客户，可以通过举办优惠活动、积极参与市场调查等方式，主动与其他洗车店的客户建立联系。比如，只要客户出示其他洗车店的会员卡或优惠卡，即可在我店换取相应的会员卡或优惠卡，并享受其他附加服务，以此确保客户感受到我们的用心与诚意。

2 老客户巩固机制：忠诚回馈，保持黏性

巩固老客户对于洗车店的长远发展至关重要，因为一旦成功维系住老客户，洗车店的业务稳定性就能得到保障，进而减少业务量的波动。然而，若老客户流失严重，不仅需要投入大量资金去开发新客户，以弥补业务损失，而且流失的老客户还可能向潜在客户传播对洗车店的不良印象，这无疑加大了吸引新客户的难度和成本。

2.1 建立客户档案

（1）建立完善的客户资料档案，基于日常经营记录，不仅能简化与客户的沟通流程，还能精确计算每位客户的消费积分，实现个性化服务。

（2）实行客户积分卡与档案积分相结合的消费积分记录制度。若客户到店消费时忘记携带积分卡，可在客户档案中详细记录消费情况，并备注未记入积分卡的信息，待客户方便时再行补记。

（3）实行灵活的积分政策，只要客户在本店系统中有记录，无论是其曾经登记过的汽车还是其他车辆，均可累积消费积分。

（4）为了回馈客户，只要是在本店登记过的汽车，无论是由原登记客户本人驾驶还是其他驾驶员驾驶，均可享受积分累积的优惠。

2.2 与客户保持联系

建立客户俱乐部，通过客户俱乐部活动来与客户保持长期联系。

（1）定期（每季或半年）举办客户俱乐部会员活动，选派店内优秀员工参与，旨在酬谢老客户并增进彼此间的情谊。

（2）在店庆等庆典活动中，特邀部分客户俱乐部会员参与演出或抽奖等环节，旨在激发老客户的参与热情，并表达对他们长期支持的感谢。

（3）为了给老客户带来惊喜，精心准备生日卡和小礼品，并出其不意地寄送给他们。这些心意小物不仅能让客户感受到洗车店的关怀，还能加深他们对本店的好感。

（4）通过深入分析客户数据库，密切关注那些超过一定期限（如半年或一年）未到店消费的老客户。指派专人进行电话沟通，表达洗车店对他们的问候，并期望能够重新建立联系，促进老客户的回流。

2.3　定期进行客户回访

洗车店要定期对客户进行回访，回访通常是通过电话进行。

2.4　与客户签订合同

洗车店可与企业客户签订长期合作合同，这样不但可以维系与老客户的关系，也可以保证双方的权益。

3　会员制度管理：优质服务，增加复购

会员制管理是企业通过积极招募和发展会员，提供个性化服务和精准营销策略，旨在深化客户与企业之间的关系，增强客户忠诚度，从而长期稳健地增加企业利润。

洗车店实施会员制的目的，在于构建一个稳定且忠诚的客户群

体。通过为会员提供独特的服务和优惠，洗车店能够提升客户的满意度和忠诚度，同时借助会员的口碑效应，使各类促销活动达到事半功倍的效果。这样不仅能够促进洗车店销售额的增长，还有助于提升洗车店的品牌形象和市场竞争力。

3.1 会员服务体系

洗车店要实施会员制，首先得建立会员服务体系。会员服务体系通常由如图9-1所示的三大网络有机整合而成。

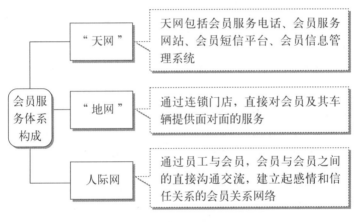

图9-1 会员服务体系构成

3.2 确定会员权益

要赢得客户的信赖，使其成为长期会员，关键在于提供丰富而全面的增值服务，为客户创造更多的价值，从而构建起坚固的信任纽带。为此，必须确定会员的权益，通常洗车店的会员权益可设计为如表9-1所示的几种。

表9-1　会员权益的种类

序号	权益种类	具体说明
1	会员专享服务	（1）会员专享服务套餐，会员可以享受更大的优惠 （2）会员日活动：定期举办会员日活动，让会员体验专享产品、专享价格、专享服务 （3）店面服务专享：免费品尝咖啡、奶茶；免费使用无线宽带上网；项目完工免费停车3小时
2	会员增值服务	（1）为会员车辆免费进行全面"体检"，制订养护计划，提供保养提醒服务 （2）各类代办业务，如车船税代缴，养路费代缴，代理违章处理，补办牌证，驾驶证换证，补办，代办年审，代办车险等 （3）紧急救援服务，包括拖车牵引、紧急送油、充气换胎、开锁服务等 （4）系列特色服务，包括自驾游等会员活动

3.3　制订会员积分计划

积分制度旨在激励会员的长期、频繁及大额消费习惯，通过未来丰厚的回报来激励客户当前的消费热情。具体而言，可设定每消费一元积一分的规则，并且每年举行两次积分兑换活动，让客户能够用累积的积分兑换心仪的商品或服务项目。

（1）确定会员积分的用途。会员积分通常可用于兑换商品或服务项目、会员续费等。

（2）确定会员积分的计算方法。要确定好会员积分的计算方法，如：

$$会员积分＝消费积分＋附加积分$$

消费积分：消费1元＝1分，不足1元部分不积分（不包括代收费）。

附加积分：

① 成功推荐亲朋好友成为会员，奖励100分/人次。

② 提出合理化建议并获得采纳，奖励80分/次。

③ 参加举办的各类活动，奖励50分/次。

④ 其他经过总经理审批的特殊附加分数。

3.4　确定会员级别

会员卡可以分一些等级，如银卡、金卡、钻石卡，每一个卡的充值要求及享受的优惠都要事先有规定。会员级别的确定一般分为以下两种形式。

（1）先付款后消费，以预付款的金额确定会员级别。

如：_____元可购买一张银卡，_____元可购买一张金卡。使客户享受到各种形式的价格优惠的套餐服务。

卡上的内容通常如下。

卡名：银卡

服务内容：……

购精品或服务均_____折

本卡价值_____元

本卡折扣不再参加店内折扣累计

本卡记名使用，不能兑换现金

本卡附客户手册使用，持卡人签字有效

（2）根据消费金额，采取积分形式确定会员级别。

如消费1元钱积1分，在本店消费满_____分后可升级金卡，满_____分后可获得洗车卡一张，满_____分后可获得保养卡一张。

相应的对于不同级别的会员采取不同的优惠政策，如返利、提供免费服务等。

4 满意度持续提升：客户反馈，不断改进

4.1 客户不满产生原因

（1）内部原因。客户产生抱怨通常是由洗车店的内部原因造成的，具体如表9-2所示。

表9-2 内部原因

序号	类别	具体原因
1	服务方面	（1）服务人员不够热情 （2）解释工作不到位 （3）服务人员缺乏耐心 （3）长时间无服务人员接待 （4）长时间等待维修 （5）长时间等待结算
2	洗车养护	（1）首次修复不满意 （2）同一问题多次出现 （3）问题长时间未解决 （4）未对客户车辆进行防护 （5）出厂时车辆不干净
3	没有履行服务承诺	（1）未按约定时间交车 （2）结算金额超出预期 （3）未使用正品备件 （4）未按客户要求作业

（2）客户原因。客户产生抱怨，有时不一定是由洗车店造成的，还可能是客户自身的原因。

第一，客户对业务不了解。客户不是专业人员，所以对洗车、美容、保养等业务了解并不深，他们更多的是从自身利益的角度出发去看问题，比如要求洗车店在价格较低的前提下保证最好的美容效果。而洗车店要从成本、利润、车型、功能等多方面综合考虑，并不能完全满足客户高质低价的要求，因此导致客户不满。

第二，客户自身态度问题。客户选择来店洗车，本质上是一种金钱与服务交换的交易行为，从公平交易的原则出发，客户和洗车店理应享有平等的地位。然而，在实际情境中，洗车店作为服务提供方，往往需要在交易过程中扮演更加主动和包容的角色，以应对可能出现的各种情况。因此，洗车店的经营者需要不断提升服务质量，优化服务态度，以确保客户能够享受到满意的服务体验。

4.2　正确认识客户抱怨

对于洗车店而言，客户的抱怨实际上是一次宝贵的改进机会，而非单纯的威胁。如表9-3所示是国外某消费者调查统计，可为我们提供一些参考依据。

表9-3　即便不满意，但仍然回头购买商品的客户比例

序号	类别	会回来	不会回来
1	不投诉的客户	9%	91%
2	投诉没有得到解决的客户	19%	81%
3	投诉过，问题得到解决	54%	46%
4	投诉被迅速解决的客户	82%	18%

客户的抱怨是他们不满情绪的合理表达，我们应当以尊重的态度来正视并积极应对；在面对客户的抱怨时，洗车店的角色不应仅

是承受者，更是倾听者和疏导者，如同一位贴心的心理医生，致力于化解客户心中的疑虑与不满。

4.3 客户抱怨处理

一般来说，客户抱怨处理的步骤如图9-2所示。

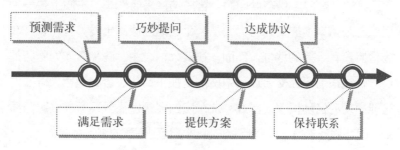

图9-2 客户抱怨处理步骤

（1）预测需求。预测需求主要指的是预测客户的心理需求，主要包括信息需求、环境需求和情感需求，具体如图9-3所示。

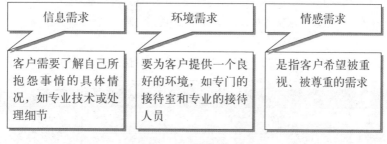

图9-3 心情需求的分类

（2）满足需求。洗车店在对客户需求预测之后，要尽量满足其需求，做到是自己的错及时道歉。同时，务必避免与客户产生争辩，因为洗车店在与客户交流中，始终应保持专业和友好的态度，以确保客户体验的满意度。

（3）巧妙提问。通过提问可以更准确、更有效地掌握客户的意图，更好地为客户服务。提问一般分为封闭式和开放式两种。

第一种，封闭式提问。封闭式提问是为了帮助洗车店对客户进行完整判断，客户只能做肯定回答或否定回答。

比如"你是对洗车服务不满意吗？""您是刷卡付款吗？"等。客户只能回答"是"和"不是"。

第二种，开放式提问。开放式提问可以让客户畅所欲言讲出自己的观点，从而对某个问题的描述更详细。这种提问方式是为了引导客户描述事实。一般以"为什么""怎么样""是什么"等为题首。

小提示

洗车店应根据实际需要，交替使用两种提问技巧，直到能够准确判断客户的需求为止。

（4）提供方案。设定合理的服务期望值，即明确告知客户当前所能提供的服务内容。关键在于洗车店能否灵活地为客户提供多样化的选择，包括增值服务，以满足客户的个性化需求。

（5）达成协议。与客户沟通时，强调你能提供的服务的重要性，并解释为何某些无法提供的服务并非关键。达成协议的技巧在于有效沟通，如提问"您认为如何处理这个问题最为合适？"来引导客户参与讨论，共同找到双方都能接受的解决方案。

（6）保持联系。与客户达成协议后，务必保持持续的联系。及时将客户抱怨的处理进展和结果告知客户，展现汽车店的专业和诚意，同时收集客户的反馈，以持续改进服务质量。

4.4 客户抱怨处理原则

洗车店在处理客户抱怨时，需要遵循一定原则，具体如表9-4所示。

表9-4 客户抱怨处理原则

序号	处理原则	具体内容
1	基本原则	（1）第一时间处理客户抱怨 （2）第一负责人制 （3）2小时内相关责任人必须与客户进行电话联系 （4）3日内必须向客户反馈处理进度或结果 （5）认真执行厂家的销售和服务管理政策和管理流程
2	顺序原则	（1）先处理情感，再处理事情 （2）先带客户至安静的地方（VIP室） （3）使客户能恢复平静 （4）让客户感觉被重视 （5）不做过度承诺
3	以不被媒体曝光为最高原则	（1）执行预警控制及上报机制 （2）事先采取"善意安抚" （3）必要时求助公关部门 （4）对无理取闹、诈欺性案件，需以技巧说服

4.5 不同客户抱怨的处理

作为一名洗车店经营者，不仅要会处理客户抱怨，更要根据不同客户类型采取针对性处理措施，具体方法如表9-5所示。

表9-5　不同客户抱怨处理方法

序号	客户类型	客户特征	正确做法	错误做法
1	主导型	往往只重结果，而不关心过程，通常没有耐心。其竞争欲望强烈，容易烦躁，注重身份，做事只看结果	清楚、具体，击中实质；有准备，支排有序，抓住问题，不跑题；提供的事实有逻辑性；注重事实，给出选择	漫不经心，浪费时间；没有组织，丢三落四，闲聊；模糊不清，漏洞百出，使对方无法把握局势；替对方作决定
2	社交型	乐观，善于交流，有说服力，努力使别人认可其观点，一般是面带微笑、健谈，喜欢与人交往，使人信服	让他们畅谈自己的想法；给他们时间和你交流，谈论他们的目标；询问他们对事情的看法，说说你的观点；要使他们兴奋，感兴趣，提供证据	做事循规蹈矩，简短，不行动，注重事实；不爱说话的话语，花太多时间谈想法；数字，花太多具事务性；不作决定，太具事务时间人一等，花太多时间交谈
3	分析型	希望精确，注重事实，数据，做事认真。通常语调单一，做事喜欢顿挫，权衡利弊后再作决定，很少有面部表情，使用精确的语言，注重特殊细节	有所准备，直截了当，单刀直入，考虑问题的所有方面，留给他们空间；给他们时间作决定；引用名人事实和数字，持之以恒；树立时间概念及衡量体系	没有组织，秩序混乱，随便，非正式，个人化，只想知道结果；身体接触，强迫他们迅速作出决定，太重感情，不能坚持到底，出其不意

4.6 定期开展客户满意度调查

要准确了解客户的满意度，经营者应积极开展针对洗车店的客户满意度调查。这一调查不仅能揭示销售和服务流程中的潜在问题和短板，还能深入洞察洗车店在管理上的不足。通过细致分析调查结果，经营者可以将改善措施具体落实到各个相关部门，并协同解决，从而有效提升服务水平，优化销售和服务流程，最终提高客户的整体满意度。

案例分享

××洗车店位于市中心繁华地段，经营多年。随着市场竞争的加剧，该洗车店意识到传统的经营方式已无法满足客户需求，因此决定加强客户管理与维护工作，以提升客户满意度和忠诚度。

1.客户管理与维护策略

（1）建立客户信息管理系统。该洗车店引入了一套先进的客户信息管理系统（CRM），用于收集、整理和分析客户数据。系统记录了每位客户的车辆信息、洗车频率、消费习惯等关键数据，为后续的个性化服务提供了数据支持。

（2）个性化服务策略。基于CRM提供的数据，洗车店为每位客户制定了个性化的服务策略。例如，对于经常光顾的客户，洗车店会提前了解其洗车需求，并为其预留车位和洗车工位；对于新客户，洗车店会提供详细的洗车流程和注意事项说明，确保客户满意。

（3）建立客户积分与会员制度。洗车店推出了积分与会员制度，客户每次洗车均可获得相应积分，积分可用于抵扣洗车费用或兑换礼品。同时，会员可享受更多优惠和增值服务，如免费打蜡、优先预约等。这一制度有效提高了客户的忠诚度和回头率。

（4）客户反馈与投诉处理。洗车店高度重视客户反馈和投诉处理。在店内设立了客户意见箱，并在官方网站和社交媒体平台上建立了客户反馈渠道。对于客户的建议和意见，洗车店会认真倾听、及时回复并持续改进服务；对于客户投诉，洗车店会迅速调查原因、积极解决并主动道歉，确保客户满意。

（5）定期进行客户关怀活动。洗车店定期向客户发送关怀信息，如节日祝福、天气提醒等。同时，还会组织各类活动，如会员日、洗车比赛等，吸引客户参与并提升客户黏性。这些活动不仅增进了客户与洗车店之间的感情，还为客户提供了更多交流和互动的机会。

2.成果与影响

（1）客户满意度提升。实施客户管理与维护策略后，该洗车店的客户满意度显著提升。客户对洗车店的服务质量、洗车效果和个性化服务等方面均给予了高度评价。

（2）客户忠诚度增强。通过积分与会员制度以及定期进行客户关怀活动等措施，该洗车店的客户忠诚度得到了显著提升。许多客户成为了该洗车店的忠实拥趸，不仅自己经常光顾，还会积极向亲朋好友推荐。

（3）经营效益提升。客户管理与维护策略的实施为该洗车店带来了显著的经营效益提升。洗车店的客户数量不断增加，回头客比例大幅提高，同时客户满意度和忠诚度的提升也带来了更多的口碑传播和新客户引流。

案例点评：

通过精心构建客户信息管理系统、量身打造个性化服务策略、建立并推行客户积分与会员制度、高效处理客户反馈与投诉，以及定期开展客户关怀与活动，该洗车店成功获得了大批忠实客户的信赖与支持，实现了经营效益的显著提升。

第 10 章

团队建设
与管理

关键词：
按需配置
合理分工
高效专业

为了洗车店的稳健运营和客户满意度的提升，洗车店必须构建一个高效、专业的服务团队，这样才能确保洗车店的日常运营顺利进行，并为客户提供优质服务。因此，经营者必须强化团队构建与管理，以实现企业的持续发展。

【要点解读】▶▶▶ - - - - - - - - - - - - - - - -

1 招聘精英成员：精挑细选，团队强大

对于洗车店而言，招聘工作具有举足轻重的地位。它不仅决定了店铺能否组建起一支高效、专业且契合需求的员工队伍，更是店铺持续发展和客户满意度提升的重要保障。只有招聘到合适的人才，洗车店才能提升服务质量、提高运营效率、塑造品牌形象、促进店铺发展并降低人员流动率。

一般来说，员工招聘的步骤如表10-1所示。

表 10-1　员工招聘的步骤

序号	招聘步骤	具体说明
1	确定招聘需求	根据洗车店的业务规模、发展计划和现有员工情况，确定需要招聘的岗位、人数以及所需的技能和经验
2	发布招聘信息	（1）选择合适的招聘渠道，如招聘网站、社交媒体、门店公告、本地报纸或社区公告板等 （2）招聘信息应包含岗位名称、岗位职责、任职要求、工作时间、薪资待遇等关键信息
3	筛选简历	收到应聘者简历后，根据岗位需求和任职要求进行初步筛选，挑选出符合要求的简历
4	安排面试	通知筛选出的应聘者前来面试，并告知面试时间、地点和所需携带的材料 （1）专业技能测试：可以设定一些与洗车相关的技能测试，如检查工具使用、洗车流程等，以评估应聘者的实际操作能力 （2）工作态度和沟通能力评估：通过面试过程，观察应聘者的态度是否积极，是否能够与客户进行良好的沟通，以及他们对待工作的态度是否认真 （3）团队协作能力测试：洗车店通常是由一个团队协同作业，因此可以设定一些情境，来测试应聘者是否能够与团队成员协作，共同完成任务
5	做出录用决策	根据面试结果，综合考虑应聘者的技能、经验、工作态度和潜力等因素，做出是否录用的决策
6	发放录用通知	对于决定录用的应聘者，发放正式的录用通知，告知其入职时间、薪资待遇、工作内容等

 小提示

　　在新员工入职后的一段时间内，应进行跟踪评估，了解其工作表现和适应能力，确保新员工能够胜任岗位工作。

2 员工培训加强：技能提升，服务升级

洗车店员工培训是一个全面而系统的过程，旨在提高员工的技能和素质，以提供更加优质的服务并满足客户的需求。

一般来说，洗车店员工的培训内容如表10-2所示。

表10-2　员工培训内容

序号	培训内容	具体说明
1	洗车基础知识	（1）车辆结构：了解汽车的基本构造和部件，有助于员工在洗车过程中避免对车辆造成损害 （2）车漆种类与特点：不同车辆的车漆有不同的特点和需求，员工需要了解如何根据车漆类型选择合适的洗车方法和产品 （3）洗车液使用方法：培训员工如何正确选择和使用洗车液，以确保洗车效果同时避免对车漆造成损害
2	洗车技能与流程	（1）洗车设备与工具：培训员工熟悉洗车店内的各种设备和工具，如高压水枪、洗车刷、海绵、擦车布等，并掌握其正确的使用方法和注意事项 （2）洗车流程：按照从上到下、从外到内的顺序清洗车辆，包括车顶、车身四周、底部等，并特别注意车轮、缝隙等细节部位的清洗 （3）高效洗车技巧：培训员工掌握高效的洗车技巧和方法，以提高工作效率和洗车质量
3	化学品安全使用知识	（1）化学品标签与安全说明：培训员工了解化学品的标签和安全说明，以便正确使用和储存化学品 （2）化学品配制与储存：培训员工掌握正确的化学品配制和储存方法，避免化学品使用不当造成的危险 （3）化学品泄漏处理：培训员工了解在化学品泄漏等紧急情况下的处理措施，以保护自己和他人的安全

序号	培训内容	具体说明
4	个人防护与安全意识	（1）个人防护装备：培训员工学会正确佩戴个人防护装备，如手套、防护眼镜和口罩等，确保自己的安全 （2）工作场所安全：培训员工注意保持工作场所的整洁和通风，避免因环境因素而受到伤害 （3）应急处理措施：培训员工了解在设备故障、客户意外受伤等紧急情况下的应急处理措施，以保护自己和他人的安全
5	服务意识与沟通技巧	（1）服务态度：培训员工树立良好的服务态度和服务意识，以提供优质的洗车服务体验 （2）沟通技巧：培训员工掌握有效的沟通技巧和方法，以便更好地与客户沟通和解决问题 （3）处理客户投诉：培训员工了解如何处理客户投诉和建议，以提高客户满意度和忠诚度
6	职业素养与职业道德	（1）职业认同感：培训员工了解自己的职业角色和价值，增强职业认同感和归属感 （2）职业道德：培训员工遵守职业道德规范，如诚信、专业和创新等，以提高职业素养和信誉度
7	法律法规与规章制度	（1）洗车店相关法规：培训员工了解洗车店相关的法律法规和规定，如环保要求、安全标准等 （2）店内规章制度：培训员工遵守洗车店的规章制度和操作规程，以确保工作的顺利进行

3 考核激励并行：公平公正，激发动力

通过制定合理的考核标准、实施有效的激励措施以及持续改进管理制度，可以激发员工的潜能和创造力，为洗车店的长期发展奠定坚实的基础。

3.1　员工考核

（1）考核标准与流程。首先，制定明确的考核标准，包括工作态度、服务质量、工作效率、团队协作等多个方面。同时，确保考核流程公正、透明，让每位员工都清楚考核的标准和流程。

（2）日常评价与定期考核。在日常工作中，对员工进行实时评价，以了解其工作表现。此外，定期进行综合考核，如季度考核或年度考核，以全面评估员工的工作绩效。

（3）反馈与改进。考核结束后，及时向员工反馈考核结果，指出其优点和不足，并提出改进建议。同时，鼓励员工进行自我反思和提升，以便更好地适应岗位需求。

3.2　员工激励

员工激励可以采取如表10-3所示的方式。

表10-3　员工激励的方式

序号	激励方式	具体说明
1	物质激励	通过薪资、奖金、津贴等物质形式，对员工的工作表现进行奖励。根据员工的工作绩效和贡献，给予相应的物质回报，以激发其工作积极性
2	精神激励	注重员工的精神需求，通过表扬、认可、晋升等方式，给予员工精神上的鼓励和支持。同时，举办各种团队活动，增强员工的归属感和凝聚力
3	发展机会	为员工提供学习和发展的机会，如培训、进修、轮岗等，帮助员工提升专业技能和综合素质。通过职业发展路径的规划，让员工看到自己的未来发展方向

3.3 考核与激励的结合

将考核与激励相结合，形成有效的管理机制。通过考核了解员工的工作表现，根据考核结果给予相应的激励措施。同时，将激励作为考核的延伸，通过激励手段激发员工的工作潜能和创造力。

3.4 注意事项

在实施员工考核与激励的过程中，需注意如图10-1所示的事项。

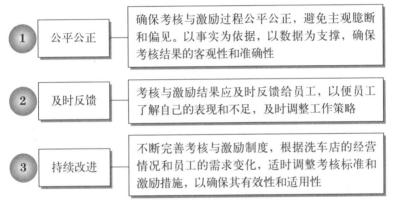

图10-1 员工考核与激励的注意事项

4 员工关怀落实：福利待遇，温暖人心

实施对洗车店员工的关怀与福利措施，旨在营造一个温馨、和谐的工作环境，提供具有吸引力的薪酬福利和职业发展机会，从而增强员工的归属感和忠诚度，提高洗车店的整体运营效率和服务质量。

4.1　员工关怀

洗车店可从表10-4所示的几个方面来实施员工关怀。

表10-4　员工关怀的实施要点

序号	实施要点	具体说明
1	工作环境优化	确保洗车店的工作环境安全、卫生和舒适，为员工提供清洁的洗手间、更衣室和休息区，以及高效的通风系统，以减少化学品对员工健康的影响
2	工作压力管理	通过制订合理的工作计划，避免员工过度劳累，确保他们有足够的时间休息。同时，对员工进行心理健康指导，帮助员工缓解工作压力
3	职业发展支持	为员工提供充分的培训和支持，包括内部培训、外部进修以及团队建设、沟通技巧、服务技能等方面的培训，帮助员工提升专业素养和技能水平

4.2　员工福利

洗车店可从表10-5所示的几个方面来做好员工福利。

表10-5　员工福利的实施要点

序号	实施要点	具体说明
1	薪酬福利	提供具有竞争力的基本工资，确保员工的基本生活需求。根据员工的工作表现和业绩，提供绩效奖金，激励员工提高工作效率。此外，为员工提供交通津贴、餐补、住宿补助等，以减轻员工的生活压力
2	健康福利	为员工提供健康保险，保障员工及其家庭成员的健康安全。定期组织员工进行体检，及时发现并预防潜在的健康问题。同时，组织健康讲座，提高员工的健康意识和自我保健能力

序号	实施要点	具体说明
3	休假制度	设立合理的休假制度，确保员工能够享受带薪年假、病假以及其他特殊假期，以便员工在工作与生活之间找到平衡点
4	婚丧福利	为员工提供结婚、直系亲属结婚庆贺，员工本人、直系亲属及非直系亲属的奠仪，以及因伤病住院的慰问金等福利
5	其他福利	如为员工提供营养均衡的工作餐，组织健身与休闲活动，增强员工的身体素质和免疫力；在传统节日为员工发放节日福利，营造温馨的节日氛围

5 团队协作促进：沟通顺畅，协作高效

5.1 团队协作

（1）明确职责分工。每个团队成员都应清楚自己的职责和工作范围，确保工作有序进行。同时，也要了解其他团队成员的职责，以便在需要时提供协助。

（2）认定共同目标。确保团队成员对洗车店的共同目标有清晰的认识，这样有助于激发团队成员的积极性和合作精神。

（3）互相尊重与信任。团队成员之间应相互尊重，信任彼此的工作能力和专业素养。这样有助于营造积极的团队氛围，提高工作效率。

（4）团队协作培训。定期组织团队协作培训，提高团队成员的协作能力和团队凝聚力。培训可以包括沟通技巧、团队协作技巧等。

（5）定期评估与反馈。定期对团队成员的工作进行评估和反馈，

指出优点和不足，帮助团队成员改进和提高。

5.2 团队沟通

（1）有效沟通。团队成员之间应保持良好的沟通，及时传递信息和解决问题。沟通应明确、简洁、准确，避免产生误会和冲突。

（2）倾听与理解。在沟通中，要学会倾听对方的意见和想法，理解对方的立场和需求。这样有助于建立互信关系，促进团队协作。

（3）积极反馈。对于团队成员的建议和意见，应积极给予反馈，让成员感受到自己的价值和贡献。同时，也要鼓励团队成员提出改进意见，共同推动洗车店的发展。

（4）透明沟通。保持信息透明，让团队成员了解洗车店的运营情况、客户反馈等关键信息。这样有助于增强团队成员的归属感和责任感，提高员工工作积极性。

案例分享

"××洗车坊"是一家新开设的洗车店，位于繁忙的商业区。虽然周边竞争激烈，但由于店主重视团队组建与管理，因此在市场上脱颖而出，具体实施过程如下。

一、团队组建

1.招聘策略

（1）"××洗车坊"通过线上招聘平台和社区广告发布招聘信息，明确招聘职位和要求。

（2）在招聘过程中，除了关注应聘者的专业技能和经验外，还重视应聘者的态度、沟通能力和团队协作精神。

（3）进行面试时，除了常规的问题外，还会设计一些情景模拟题目，以考察应聘者的应变能力和解决问题的能力。

2.团队成员构成

（1）店长：负责全面管理，制定营销策略和店内规章制度。

（2）洗车技师：负责洗车工作，包括预洗、洗车、擦干、打蜡等。

（3）前台接待：负责接待客户，解答疑问，处理投诉，以及收银工作。

（4）清洁工：负责店内卫生和车辆清洁后的整理工作。

3.培训与指导

（1）新员工入职后，进行为期一周的岗前培训，包括洗车流程、设备操作、客户沟通等内容。

（2）在实际工作中，由经验丰富的员工担任导师，进行一对一的指导和帮助。

（3）定期组织内部培训和分享会，让团队成员互相学习、共同进步。

二、团队管理

1.明确职责与分工

（1）制定详细的岗位职责说明书，明确每个团队成员的职责和工作范围。

（2）定期进行岗位轮换，让团队成员熟悉不同岗位的工作内容，提高团队协作能力。

2.建立激励机制

（1）建立员工绩效考核制度，根据工作表现和客户反馈进行评分，并给予相应的奖励。

（2）设立"月度优秀员工"奖项，对表现突出的员工进行表彰和奖励，激发员工的积极性和工作热情。

（3）提供晋升机会和培训资源，鼓励员工提升自身能力，实现职业发展。

3.加强沟通与协作

（1）定期组织团队建设活动，增强团队成员之间的了解和信任。

（2）设立微信群、企业邮箱等内部沟通平台，方便团队成员之间的交流和沟通。

（3）鼓励团队成员在工作中相互支持、互相帮助，形成良好的团队协作氛围。

4.客户服务管理

（1）制定客户服务标准，确保每位客户都能享受到优质的服务体验。

（2）设立客户反馈渠道（如意见箱、在线评价等），及时了解客户需求和意见，并进行改进。

（3）对员工进行客户服务培训，提高员工的服务意识和沟通技巧。

案例点评：

经过一段时间的运营，"××洗车坊"洗车店的业绩稳步提升，客户满意度显著提高。团队成员之间形成了良好的协作氛围，工作效率和服务质量得到了显著提升。同时，员工积极性和工作热情也得到了激发，为洗车店的长期发展奠定了坚实的基础。

第11章

风险识别与防范

关键词：
科学评估
有效防范
规避风险

风险识别是风险管理的第一步，也是风险管理的基础。只有在正确识别出自身所面临的风险的基础上，人们才能够主动选择适当有效的方法进行处理。对于洗车店来说，进行风险识别有助于店主预先了解可能面临的挑战，并制定相应的应对策略。

【要点解读】▶▶▶ -

1 市场竞争风险：分析趋势，应对变化

市场竞争风险是指门店面临的来自同行业或相关领域内其他门店的竞争，包括价格战、服务同质化、渠道竞争、品牌竞争等。市场竞争风险可能使门店产生销售下降、利润下降、品牌影响力下降等风险，甚至导致门店关闭。因此，店主应能及时识别出市场竞争的风险，并提前想好应对措施来加以防范。

1.1 市场竞争风险的表现

洗车店的市场竞争风险主要表现在如表11-1所示的几个方面。

表11-1 市场竞争风险表现

序号	风险表现	具体说明
1	价格战	竞争对手可能通过降低价格来吸引客户，导致洗车店面临价格压力。如果洗车店跟随降价，可能损害利润；如果不降价，可能失去市场份额
2	服务同质化	市场上洗车店的服务内容可能高度相似，缺乏特色，难以形成差异化竞争优势
3	新进入者	洗车行业门槛相对较低，新的洗车店可能不断进入市场，加剧竞争
4	客户需求变化	客户需求可能随着市场变化而发生变化，如果洗车店不能及时适应，可能失去客户
5	品牌形象	竞争对手可能通过强大的品牌宣传和客户口碑积累，形成品牌壁垒，给新进入者带来压力

1.2 市场竞争风险的防范

洗车店在防范市场竞争风险时，可以采取如表11-2所示的策略。

表11-2 市场竞争风险防范策略

序号	防范策略	具体说明
1	市场调研与分析	（1）定期进行市场调研，了解当地洗车市场的规模、发展趋势、竞争对手情况以及消费者需求 （2）分析竞争对手的优劣势，明确自己的市场定位，寻找差异化竞争的机会

序号	防范策略	具体说明
2	提升服务质量	（1）注重员工培训，提高员工的服务意识和专业技能，确保为客户提供高质量、专业的洗车服务 （2）优化服务流程，提高洗车效率，减少客户等待时间，提升客户体验
3	创新服务内容与形式	（1）根据市场需求和客户偏好，不断创新洗车服务内容和形式，如推出个性化洗车方案、环保洗车服务等 （2）拓展增值服务，如汽车美容、内饰清洁等，增加客户黏性，提高客户满意度
4	品牌建设与宣传	（1）打造独特的品牌形象，注重品牌文化的传播和塑造，提升品牌知名度和美誉度 （2）加大宣传力度，利用社交媒体、网络平台等渠道进行品牌宣传和推广，吸引更多潜在客户
5	客户关系管理	（1）建立完善的客户关系管理制度，收集客户信息和反馈，了解客户需求和期望，为客户提供个性化服务 （2）积极开展客户回访和满意度调查，及时发现并解决客户问题，提高客户满意度和忠诚度
6	合作与联盟	（1）与其他相关企业或机构建立合作关系，如汽车维修厂、保险公司等，实现资源共享和互利共赢 （2）加入行业协会或组织，参与行业交流和合作，共同推动洗车行业的发展
7	持续学习与改进	（1）关注行业动态和技术发展，不断学习和更新知识，提升洗车店的经营水平和竞争力 （2）定期评估和改进自身的经营策略和服务质量，确保洗车店在市场竞争中保持领先地位

2 环保法规风险：合规经营，绿色发展

洗车店在运营过程中，需要特别关注环保等法规风险。这些风险主要源于对环保等法规的遵守程度以及日常运营中对环境的

保护程度。

2.1 法规风险

洗车店在运营过程中需要遵守的法规主要包括环保法规、工商注册法规、税务法规等。其中，环保法规对洗车店的影响最为直接和显著。根据《中华人民共和国环境影响评价法》等法规，洗车店在建设和运营过程中需要进行环境影响评价，确保排放的废水、废气等污染物符合国家规定的标准。如果洗车店未能依法进行环境影响评价或排放的污染物超过规定标准，可能会面临罚款、停业整顿等处罚。

为了降低法规风险，洗车店需要做到如图11-1所示的几点。

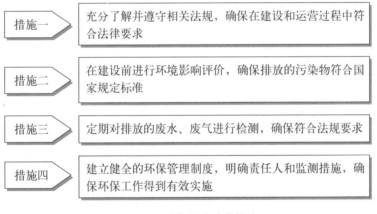

措施一　充分了解并遵守相关法规，确保在建设和运营过程中符合法律要求

措施二　在建设前进行环境影响评价，确保排放的污染物符合国家规定标准

措施三　定期对排放的废水、废气进行检测，确保符合法规要求

措施四　建立健全的环保管理制度，明确责任人和监测措施，确保环保工作得到有效实施

图11-1　法规风险防范措施

2.2 环保风险

洗车店在运营过程中会产生大量废水、废气和固体废物等污染物，如果处理不当会对环境造成污染和破坏。

例如，洗车废水中的洗涤剂、油污等污染物如果未经处理直接排放到环境中，会对水体造成污染；洗车过程中产生的废气如果排放到室内或室外空气中，会对空气质量造成影响；洗车过程中产生的固体废物如果随意丢弃或处理不当，也会对环境造成污染。

为了降低环保风险，洗车店需要做到如图11-2所示的几点。

措施一 采取有效的废水处理措施，确保废水经过处理后符合排放标准

措施二 采用低排放、低污染的洗车设备和工艺，减少废气和固体废物的产生

措施三 对产生的固体废物进行分类、回收和妥善处理，避免对环境造成污染

措施四 建立健全的环保监测体系，定期对废水、废气和固体废物进行监测和处理

图11-2 环保风险防范措施

小提示

洗车店在运营过程中需要特别关注法规与环保风险，通过加强法规学习，以及遵守相关法律法规、采取有效的环保措施等方式来降低这些风险的发生概率和影响程度。

3 经济周期风险：灵活调整，稳健经营

洗车店的经济周期风险主要源于宏观经济环境的变化对消费者

需求和消费行为的影响。在经济周期的不同阶段，消费者的购买力、消费意愿以及消费行为都会有所变化，进而影响到洗车店的经营状况。

在经济增长期，消费者的购买力增强，消费意愿上升，对洗车服务的需求也会相应增加。此时，洗车店通常会迎来较好的发展机遇，业务量增加，收入提高。然而，在经济下行期，消费者的购买力减弱，消费意愿下降，对洗车服务的需求可能会减少。这会导致洗车店的业务量下降，收入减少，甚至可能面临经营困难。

为了应对经济周期风险，洗车店可以采取如表11-3所示的策略。

表11-3 经济周期风险应对策略

序号	应对策略	具体说明
1	合理定价	根据市场需求和经济状况，合理制定洗车价格，以保持价格的竞争力。在经济下行期，可以适当降低价格以吸引客户
2	提供增值服务	通过提供洗车以外的增值服务，如汽车美容、内饰清洁等，来增加客户黏性和消费额。这些增值服务通常具有较高的附加值，能够为客户带来更好的服务体验，同时也能够增加洗车店的收入来源
3	加强市场营销	在经济下行期，加强市场营销和宣传，提高洗车店的知名度和影响力。通过推出优惠活动、会员制度等方式，吸引更多客户前来消费
4	优化成本管理	加强成本控制和管理，降低经营成本。例如，通过提高设备使用效率、优化员工排班等方式，减少不必要的开支
5	关注市场动态	密切关注市场动态和经济形势，及时调整经营策略。在经济下行期，可以适当减少库存、缩短供应链等方式，以降低风险

洗车店的需求与经济周期密切相关，因此，洗车店需要关注经济形势的变化，制定灵活的经营策略以应对经济周期的影响。

4 技术更新风险：持续学习，创新升级

4.1 技术风险的表现

洗车店的技术风险主要表现在如表11-4所示的几个方面。

表11-4 技术风险表现

序号	风险表现	具体说明
1	设备故障风险	洗车店依赖各种设备和机器来完成洗车过程，如高压水枪、洗车机、烘干机等。如果设备出现故障或损坏，可能导致洗车服务中断，影响客户满意度和店面的正常运营。此外，如果设备没有得到及时的维护和保养，可能会加速设备的老化和损坏，增加故障发生的概率
2	技术更新风险	随着科技的进步和消费需求的变化，洗车行业也在不断发展和创新。如果洗车店不能跟上技术更新的步伐，可能会失去竞争优势，导致客户流失和业务萎缩。例如，新型的环保洗车技术、智能洗车系统等，如果洗车店没有及时引入和应用这些新技术，可能会影响其市场竞争力
3	设备操作风险	洗车工的操作技能和经验对洗车质量和设备安全都有重要影响。如果洗车工操作不当或缺乏必要的培训，可能会导致设备损坏、洗车效果不佳或对客户车辆造成损伤。此外，不正确的操作还可能引发安全事故，如电气事故、火灾等

序号	风险表现	具体说明
4	数据安全风险	随着数字化进程的发展，洗车店也会存储客户信息、财务数据等敏感信息。如果洗车店的数据安全措施不到位，可能会面临数据泄露、黑客攻击等风险，导致客户隐私泄露进而造成财务损失

4.2　技术风险的防范

为了防范相关技术风险，洗车店可以采取如表11-5所示的措施。

表 11-5　技术风险防范措施

序号	防范措施	具体说明
1	定期维护和保养设备	（1）定期对设备进行检查、维护和保养，确保设备处于良好的工作状态 （2）及时发现并修复设备的故障和隐患，避免设备故障对业务的影响
2	关注行业发展和技术更新	（1）及时了解行业发展的新动态和新技术，评估其对业务的影响和潜在机会 （2）适时引入和应用新技术，提高洗车店的竞争力和客户满意度
3	加强员工培训和管理	（1）对洗车工进行必要的培训和管理，提高其操作技能和安全意识 （2）制定详细的操作流程和安全规范，确保员工能够正确、安全地操作设备
4	加强数据安全措施	（1）建立完善的数据安全管理制度和防护措施，确保客户信息和财务数据的安全 （2）定期对数据进行备份和恢复测试，确保数据的完整性和可恢复性

5 安全风险预防：预防为主，安全无忧

5.1 安全风险的表现

洗车店的安全风险主要表现在如表11-6所示的几个方面。

表11-6 安全风险表现

序号	风险表现	具体说明
1	车辆碰撞风险	由于洗车店内通常有多个车辆同时进出清洗区域，驾驶员的驾驶技术和安全意识参差不齐，可能发生车辆相撞，导致车辆损坏、人员受伤等严重后果
2	火灾风险	洗车店内存在大量易燃物质，如清洗剂、汽油等。员工在操作过程中如果不注意火源控制，可能引发火灾。此外，洗车店内的电气设备也可能存在潜在的火灾风险。火灾不仅会造成财产损失，还可能威胁到员工和客户的生命安全
3	电气事故风险	洗车店内存在许多电气设备，如洗车机、照明设施等。如果设备存在电气故障或员工操作不当，可能导致电击、火灾等电气事故。这些事故不仅会造成设备损坏，还可能对人员造成严重的伤害
4	化学品风险	洗车店使用的化学清洗剂可能对人体有害。如果员工在使用时不遵守操作规程，如未佩戴防护装备或未按照正确比例稀释清洗剂，可能导致化学品溅到皮肤或眼睛，引发严重后果
5	空气质量风险	洗车店内由于汽车尾气排放和清洗剂等化学物质的挥发，可能导致空气质量下降。长期在这样的环境中工作，可能对员工的呼吸系统造成损伤

5.2 安全风险防范措施

为了防范这些安全风险，洗车店可以采取如表11-7所示的措施。

表11-7　安全风险防范措施

序号	防范措施	具体说明
1	制定和执行安全规章制度	（1）制定详细的安全规章制度，明确员工和客户在店内应遵守的安全规定 （2）定期对员工进行安全规章制度的培训和教育，确保每位员工都清楚并遵守相关规定
2	提高员工安全意识	（1）定期组织安全培训和演练，提高员工对安全风险的认知和应对能力 （2）强调员工在操作中要保持警惕，及时发现并处理潜在的安全隐患
3	确保设备安全	（1）确保所使用的设备（如洗车机、高压水枪等）符合安全标准，并定期进行维护和检查，确保设备处于良好工作状态 （2）对于存在安全隐患的设备，应及时停用并进行维修或更换
4	防火措施	（1）洗车店内应严禁吸烟，并设置明显的"禁止吸烟"标志 （2）安装灭火器和火灾报警器，并定期检查其有效性 （3）对员工进行火灾应急处理培训，确保在火灾发生时能够迅速采取正确的应对措施
5	防滑措施	（1）在洗车区域和其他可能积水的区域设置防滑垫或防滑警示标志，提醒员工和客户注意防滑 （2）定期检查地面和排水系统，确保排水畅通，避免积水
6	电气安全	（1）确保洗车店内的电气设备符合安全标准，并定期进行维护和检查 （2）避免在潮湿的环境中使用非防水设计的电气设备 （3）提醒员工在操作过程中注意电气安全，避免触电事故的发生

序号	防范措施	具体说明
7	客户管理	（1）在车辆进入洗车店前，进行安全检查，车辆进入待洗区后，确保车辆熄火、手刹拉紧等安全措施得到落实 （2）提醒客户在店内保持安静、有序，避免发生意外碰撞或摔伤等事故
8	应急处理	（1）制定应急预案，明确在发生安全事故时的应对措施和责任人 （2）定期组织应急演练，提高员工在紧急情况下的应对能力

6 财务风险控制：规范管理，稳健发展

为了降低财务风险，洗车店需要加强财务管理，制订科学的经营计划，合理控制成本，提高资金利用效率。同时，也需要关注市场变化，及时调整经营策略，以应对潜在的风险。

6.1 财务风险的表现

洗车店的财务风险主要表现在如表11-8所示的几个方面。

表11-8　财务风险表现

序号	风险表现	具体说明
1	经营成本风险	洗车店在日常运营中需要支付各种成本，包括租金、设备维护、员工工资、水电费、清洁用品费等。如果成本控制不当，或者市场需求下降导致收入减少，洗车店可能会面临经营成本过高的风险，从而影响盈利能力
2	资金流动性风险	洗车店的资金流动性风险主要来自于应收账款和存货管理。如果应收账款回收不及时，或者存货积压过多，都可能导致资金流动性出现问题，影响洗车店的正常运营

序号	风险表现	具体说明
3	投资收益风险	如果洗车店选择进行扩张或投资其他项目，可能会面临投资收益不确定的风险。投资项目的选择、市场环境的变化、竞争状况等因素都可能影响投资收益，如果投资失败，可能会对洗车店的财务状况造成较大影响
4	融资风险	洗车店在扩大规模或进行技术改造时，可能需要通过融资来筹集资金。然而，融资过程中可能会面临利率上升、融资条件变化等风险，导致融资成本增加或融资失败，从而对洗车店的财务状况造成不利影响

6.2 财务风险防范

为了防范以上财务风险，洗车店可以采取如表11-9所示的措施。

表11-9 财务风险防范措施

序号	防范措施	具体说明
1	建立健全财务管理制度	（1）制定详细的财务管理流程和规范，确保资金的流入、流出、使用、核算等各个环节都有明确的制度和流程可依 （2）设立专门的财务部门或财务人员，负责财务管理和风险控制工作
2	合理控制成本	（1）对各项成本进行精细化管理，包括租金、设备折旧、员工工资、水电费、清洁用品费等，确保成本控制在合理范围内 （2）定期进行成本分析，找出成本控制中的问题和漏洞，及时采取措施加以改进
3	加强资金管理	（1）制订合理的资金计划，确保资金的充足性和流动性 （2）加强应收账款管理，及时回收款项，避免坏账损失 （3）对存货进行科学管理，避免存货积压和浪费

序号	防范措施	具体说明
4	进行风险评估和预警	（1）定期对洗车店面临的市场风险、经营风险、财务风险等进行评估，找出潜在的风险点 （2）建立风险预警机制，当风险指标超过设定的阈值时，及时发出预警信号，以便及时采取措施加以防范
5	利用信息技术	（1）利用财务管理软件和系统，提高财务管理的效率和准确性 （2）通过数据分析技术，对洗车店的财务状况进行实时监控和分析，及时发现潜在的风险和问题

案例分享

位于某市中心的××洗车坊是一家经营多年的洗车店。近年来，随着市场竞争的加剧，周边出现了多家新的洗车店，这些新店往往采用更低的价格和更先进的设备来吸引客户。面对这样的竞争环境，××洗车坊的客流量开始下降，业绩受到严重影响。

1.风险识别与评估

××洗车坊的管理层通过市场调研和内部数据分析，识别出市场竞争加剧是其当前面临的主要风险。该风险的主要表现为：

（1）客流量下降。由于竞争对手的低价策略，部分客户转移至其他洗车店。

（2）利润率下滑。为了维持客流，不得不降低价格，导致利润率下降。

（3）品牌形象受损。长期的价格战可能使客户对××洗车坊的品牌形象产生负面印象。

2.风险管理策略制定

为了应对市场竞争加剧的风险，××洗车坊制定了以下风险管理策略。

（1）差异化服务策略。针对竞争对手的低价策略，推出更高品质的洗车服务，如使用环保型洗车液、提供内饰清洁和消毒服务等，以吸引注重品质和健康的客户。

（2）客户关系管理。加强客户关系管理，通过会员制度、优惠活动等方式提高客户黏性和忠诚度。同时，积极收集客户反馈，不断改进服务质量。

（3）品牌形象建设。加大品牌宣传力度，提升××洗车坊的品牌知名度和美誉度。例如，可以在社交媒体平台上发布洗车知识和环保理念，展现品牌的专业性和社会责任感。

（4）成本控制与优化。在保证服务质量的前提下，通过优化采购渠道、提高员工效率等方式降低运营成本，以应对价格战带来的压力。

3.风险管理策略实施

在实施风险管理策略过程中，××洗车坊采取了以下具体措施。

（1）推出"绿色洗车"服务。使用环保型洗车液和节水设备，提供高品质的洗车服务。同时，在店内张贴环保宣传海报，向客户传递环保理念。

（2）建立会员制度。推出会员专属优惠和积分兑换活动，吸引客户成为会员。同时，定期向会员发送洗车优惠信息和活动通知，提高客户黏性。

（3）加大品牌宣传力度。在社交媒体平台上发布洗车知识和环保理念相关的文章和视频，吸引更多客户关注××洗车坊。同时，与当地社区合作举办公益活动，提升品牌的社会责任感。

（4）优化采购渠道和人员配置。与供应商建立长期合作关系，确保原材料的质量和价格优势。同时，根据业务量和客户需求合理配置员工数量和工作时间，提高员工效率。

4.风险管理效果评估

经过一段时间的实施，××洗车坊的风险管理策略取得了显著成效：

（1）客流量逐渐恢复。通过差异化服务策略和客户关系管理，××洗车坊成功吸引了部分流失客户回流，并吸引了更多新客户。

（2）利润率有所提升。虽然价格略有降低，但由于成本控制和优化以及高附加值服务的推出，××洗车坊的利润率得以保持稳定并略有提升。

（3）品牌形象得到改善。通过品牌形象建设和环保理念的宣传，××洗车坊在客户心中的形象得到了改善和提升。客户对××洗车坊的认可度和信任度也相应提高。

案例点评：

××洗车坊凭借精心策划与实施的风险管理策略，有效化解了市场竞争日益激烈所带来的挑战，实现了业务的稳定增长与持续发展。

第12章

持续发展
与扩张

关键词：
把握趋势
综合考量
优化创新

随着汽车普及率的持续提升，洗车行业的市场需求日益旺盛。洗车店需敏锐捕捉市场脉搏，通过持续的创新与优化，提升客户体验和服务品质，从而巩固竞争优势，确保洗车店的长期、稳健、可持续发展。

【要点解读】▶▶▶- -

1 服务质量提升：精益求精，顾客至上

在产品和服务同质化日益凸显的当下，消费者的需求却日趋多元化和个性化。面对这样的市场态势，提升服务质量已成为汽车店发展的核心要义。这不仅是汽车店构筑竞争优势的关键途径，更是其实现可持续发展的坚实基础。

对于洗车店来说，要提升服务质量，可以从表12-1所示的几个方面入手。

表12-1 提升服务质量的措施

序号	提升措施	具体说明
1	提升员工素质	（1）对员工进行定期培训，包括洗车技术、服务流程、沟通技巧等方面的提升，确保员工具备专业的知识和技能 （2）强调服务态度的重要性，鼓励员工以友好、热情的态度对待每一位客户，提升客户满意度
2	优化服务流程	（1）制定详细的服务流程，包括接待、洗车、检查、交车等环节，确保服务流程规范、高效 （2）对服务流程进行定期审查和更新，及时调整不合理或低效的环节，提高服务效率
3	引入先进设备和技术	（1）引进先进的洗车设备和环保型洗车液，提高洗车效率和洗车效果 （2）学习和引入新的洗车技术，提升洗车质量
4	注重细节服务	（1）在洗车过程中，注重细节处理，如清洗车轮、清洁内饰、检查车况等，确保车辆得到全面彻底的清洁 （2）提供免费的车内吸尘、脚垫清洗等增值服务，提升客户体验
5	建立良好的客户关系	（1）主动与客户建立良好的沟通关系，了解客户的需求和偏好，提供个性化服务 （2）定期对客户进行回访，询问服务满意度和建议，及时解决客户反馈的问题
6	营造舒适的环境	（1）保持洗车店环境的整洁、明亮和舒适，如定期清洁店面、播放轻音乐等 （2）在店内设置休息区，提供舒适的座椅、饮品、杂志等，让客户在等待时也能感到愉悦
7	收集和分析客户反馈	（1）设立客户反馈渠道，如在线评价、意见箱等，积极收集客户对服务的意见和建议 （2）对客户反馈进行整理和分析，找出服务中的不足和需要改进的地方，制定相应的改进措施
8	持续改进和创新	（1）鼓励员工提出改进意见和建议，鼓励创新思维和尝试 （2）不断关注行业动态和市场需求变化，及时调整服务内容和方式，满足客户的需求和期望

2 品牌建设加强：品牌力量，口碑相传

品牌建设是洗车店持续发展的基础。通过加强品牌建设，洗车店能够不断提升自身的竞争力和市场地位，实现长期稳健的发展。同时，品牌建设还能够推动洗车店不断创新和升级，提高服务质量和效率，满足消费者日益增长的需求。

对于洗车店来说，加强品牌建设需把握如表12-2所示的要点。

表12-2　加强品牌建设的要点

序号	建设要点	具体说明
1	明确定位与目标市场	（1）明确洗车店的定位，例如，是高端洗车服务还是面向大众市场的经济型洗车店 （2）确定目标市场，如年轻车主、家庭车主、商务车主等，以便为他们提供符合需求的服务
2	建立独特的品牌形象	（1）设计独特的LOGO和VI系统，确保店铺的视觉形象统一、专业 （2）注重店面装修和环境营造，营造舒适、整洁、专业的氛围 （3）强调品牌理念和文化，通过标语、口号等方式传递品牌价值观
3	提供优质的服务体验	（1）培训员工，确保他们具备专业的洗车技能和良好的服务态度 （2）引入先进的洗车设备和技术，提高洗车效率和质量 （3）建立会员制度，为会员提供专属优惠和个性化服务，增强客户黏性
4	加强品牌宣传与推广	（1）利用社交媒体、网站、App等线上平台进行品牌宣传，提高品牌知名度 （2）与当地媒体合作，进行线下品牌活动和宣传，吸引更多潜在客户 （3）开展合作与联盟，与汽车相关的商家建立合作关系，互相推荐客户

序号	建设要点	具体说明
5	优化客户服务与售后	（1）设立客户服务热线或在线客服，及时解决客户的问题和需求 （2）定期进行客户满意度调查，收集反馈并不断改进服务 （3）提供优质的售后服务，如定期回访、维护提醒等，增强客户信任度和忠诚度
6	注重品牌创新与升级	（1）不断关注行业动态和市场需求变化，调整经营策略和服务内容 （2）引入新的洗车技术和设备，提升服务水平和竞争力 （3）创新服务模式和营销策略，如推出个性化洗车方案、开展线上预约服务等
7	加强品牌管理与维护	（1）建立品牌管理制度，规范品牌使用和传播行为 （2）定期进行品牌审计和评估，确保品牌形象的稳定和健康发展 （3）对侵权和假冒行为进行打击和维权，保护品牌权益

🔗 相关链接

洗车店品牌知名度提升窍门

要提升洗车店在社区的知名度，可以采取以下几种策略。

1.社区活动参与

（1）积极参与社区组织的各种活动，如社区庆典、慈善义卖、公益活动等。在这些活动中，可以设置洗车店的展示摊位，向社区居民介绍洗车店的服务和特色。

（2）还可以提供现场洗车体验，让居民直观感受到洗车店的优质服务。

2.邻里宣传

（1）洗车店可以印制精美的宣传单或宣传册，派发到社区内的居民家中或公共场所。宣传单内容应简洁明了，突出洗车店的服务优势、特色和优惠活动。

（2）鼓励员工在社区内进行口头宣传，与邻居建立良好关系，让他们了解并信任洗车店。

3.社交媒体营销

（1）利用社交媒体平台（如微信、微博、抖音等）创建洗车店的官方账号，并定期发布洗车店的动态、优惠活动、客户评价等内容。

（2）与社区居民进行互动，回答他们的问题，解决他们的疑虑，增强他们对洗车店的认知和信任。

4.合作推广

与社区内的其他商家建立合作关系，如超市、餐饮店、健身房等。可以在这些商家的店内放置洗车店的宣传资料，或者与他们共同举办优惠活动，相互推荐客户。

5.口碑营销

（1）提供优质的服务和产品，确保客户满意度。满意的客户更有可能向他人推荐洗车店，形成良好的口碑传播。

（2）鼓励满意的客户在社交媒体上分享他们的洗车体验，并给予他们一定的奖励或优惠。

6.举办活动

（1）举办一些与洗车相关的活动，如洗车比赛、汽车美容讲座等。这些活动可以吸引社区居民的参与，提高洗车店的知名度。

（2）在活动期间，可以设置展示区域，向参与者介绍洗车店的服务和特色。

7.美化店面

（1）保持洗车店面的整洁和美观，给社区居民留下良好的第一印象。可以在店面周围种植绿植、设置休闲座椅等，营造出舒适、温馨的氛围。

（2）在店面上方悬挂醒目的招牌或广告牌，让过往的居民能够轻松识别并记住洗车店。

8.提供便利服务

（1）了解社区居民的需求和习惯，提供便利的洗车服务。例如，提供上门洗车服务、夜间洗车服务等，满足居民的不同需求。

（2）提供多种支付方式，如现金、银行卡、移动支付等，方便居民支付费用。

通过综合运用以上策略，洗车店可以逐渐提升在社区内的知名度，吸引更多潜在客户的关注并转化为实际客户。

3 市场趋势洞察：敏锐捕捉，快速响应

洗车店要想持续发展，需要关注市场趋势，不断创新和改进自己的服务方式，以满足客户的需求和提高市场竞争力。

3.1 环保洗车技术

随着社会对环境保护意识的提高，洗车店需要转向更环保的洗车方式。

例如，采用高压水枪和无水洗车剂来清洁车辆，减少水的使用量，同时避免对地下水和水源的污染。

这不仅符合政策要求，还能提升品牌形象。

3.2 技术创新

洗车行业需要不断引入新技术，如自动化洗车设备、水洗涂膜技术等，以提升洗车效率和服务质量。此外，洗车平台可以通过App在线预约、无人洗车等方式，提供更便捷的洗车体验。技术创新有助于提升洗车店的竞争力。

3.3 品牌化与连锁化

随着客户对洗车服务品质要求的提高，品牌化、连锁化成为洗车行业的发展趋势。洗车店可以通过加盟合作的方式，借助知名品牌的力量，提高服务质量和市场知名度。

3.4 　服务多元化

除了基本的洗车服务外，洗车店还可以结合汽车养护、汽车美容等相关服务，进行产品升级和业务拓展。通过提供多元化的服务，可以满足客户的多元化需求，提高客户满意度和忠诚度。

3.5 　互联网+洗车

洗车店需要建立和优化自己的线上渠道，如网站、社交媒体和手机应用程序等，以便更好地吸引和服务客户。通过线上预约、支付等功能，可以提高服务效率和客户满意度。

3.6 　个性化服务

随着客户对个性化需求的增加，洗车店可以提供个性化的洗车服务，如定制洗车方案、提供专属洗车用品等。这可以满足客户的特殊需求，提高客户满意度和忠诚度。

总之，关注市场趋势有助于洗车店满足客户需求、抓住市场机遇、优化资源配置、应对市场挑战和推动创新发展，从而在竞争激烈的市场竞争中保持领先地位并实现持续增长。

4 　直营连锁发展：复制成功，扩大规模

洗车店的直营连锁扩张是一种通过复制和标准化经营模式，以直营方式在不同地点开设分店，从而快速扩大品牌影响力和市场份

额的扩张策略。这种扩张方式的核心在于保持品牌和服务的一致性，同时借助规模效应降低成本，提高整体运营效率。

4.1　直营连锁扩张的模式

在直营连锁扩张中，洗车店需要确保每家分店都能提供相似的服务和体验，包括统一的服务标准、装修风格和管理流程。为了实现这一目标，总部需要对分店进行全面的管控，包括定位、配送、销售、价格、财务、人力资源等方面。分店店长由总部直接任命，分店之间的经营活动需在总部的管理制度框架内进行协调。

4.2　直营连锁扩张的优点

直营连锁扩张的优点在于能够确保分店的管理水平一致性与规范性，整体竞争力较强。同时，由于资源统一调配，可以实现较高的规模经济，降低成本。此外，直营连锁还可以较好地兼顾短期利益与长期利益，全面落实公司的发展战略。

4.3　直营连锁扩张的劣势

直营连锁扩张也存在一些挑战和风险。首先，由于需要大量资金投入，运行成本较高，风险较大。其次，管理跨度拓宽可能加大管理难度，门店可能缺乏灵活性和积极性。此外，随着规模的扩大，如何保持服务质量和品牌形象的一致性也是一个需要关注的问题。

4.4　直营连锁扩张的注意事项

在进行直营连锁扩张时，洗车店需要谨慎评估自身实力和市场环境，制订合理的扩张计划，并注意如表12-3所示的关键事项，以确保扩张的顺利进行。

表12-3　直营连锁扩张的注意事项

序号	注意事项	具体说明
1	市场调研与选址	（1）在开设连锁分店之前，进行充分的市场调研至关重要。了解目标市场的客户需求、竞争对手情况以及潜在的发展空间，是制定有效经营策略的基础 （2）选址是分店成功的关键。应选择车流量大、人流量集中的地段，如商业区、居民区或交通枢纽附近，以确保稳定的客源
2	品牌建设与标准化管理	（1）保持品牌形象的统一性和标准化管理至关重要。通过统一的店面设计、服务流程和质量标准，可以增强客户对品牌的认同感，提升整体竞争力 （2）制定详细的品牌手册和操作指南，确保各分店在服务质量、员工培训和客户体验等方面保持一致
3	融资与资金规划	开设连锁分店需要一定的资金投入，包括店面租金、装修费用、设备购置、员工薪酬和运营成本等。洗车店需要制订详细的资金规划，并考虑通过贷款、融资或合伙经营等方式筹集资金
4	招聘与培训	（1）招聘有经验的员工是确保分店顺利运营的关键。洗车店需要制订招聘计划，并通过面试和筛选招聘适合的员工 （2）对新员工进行系统的培训，包括服务流程、操作技能、产品知识和客户沟通技巧等，以确保他们能够快速适应工作环境并为客户提供优质的服务
5	运营与管理	（1）制订详细的运营计划和管理制度，包括财务管理、库存管理、客户管理和员工管理等。确保各分店在运营过程中能够遵循统一的标准和流程 （2）定期进行内部审计和评估，发现问题并及时解决，以确保分店的运营效率和盈利能力

序号	注意事项	具体说明
6	营销与推广	（1）制订有效的营销策略和推广计划，包括线上和线下的宣传活动、会员制度和优惠活动等。通过营销和推广活动，提高品牌知名度和客户黏性 （2）利用社交媒体和互联网等渠道进行品牌宣传和推广，吸引更多的潜在客户
7	监控与调整	对各分店的运营情况进行实时监控和评估，了解销售数据、客户满意度和员工绩效等指标。根据监控结果及时调整经营策略和管理措施，确保分店能够持续发展和盈利

5 加盟合作探索：共享资源，互利共赢

通过寻求加盟商扩张是一种快速且有效的品牌拓展方式，它能够帮助洗车店实现更广泛的市场覆盖，提升品牌影响力，并带来稳定的收益增长。

5.1 加盟连锁扩张的优势

加盟连锁扩张具有图12-1所示的优势。

品牌效应	资源共享	风险降低
加盟连锁可以利用已有的品牌知名度和美誉度，快速吸引客户，降低市场推广成本	加盟商可以共享总部的管理经验、运营模式、市场推广等资源，减少试错成本，提高经营效率	通过加盟模式，总部会为加盟商提供一定的风险控制和保障机制，降低创业风险

图12-1　加盟连锁扩张的优势

5.2　加盟连锁扩张的注意事项

加盟连锁扩张的注意事项如表12-4所示。

表12-4　加盟连锁扩张的注意事项

序号	注意事项	具体说明
1	选择合适的加盟商	总部需要制定明确的加盟标准，筛选出具有经营能力、信誉良好、与品牌理念相符的加盟商
2	加盟政策制定	制定详细的加盟政策，包括加盟条件、加盟费用、支持政策等。确保政策的公平性和合理性，吸引更多优质加盟商加入
3	统一管理与培训	为确保品牌形象和服务质量的一致性，总部需要对加盟商进行全面的培训，并提供持续的管理支持和监督
4	利益分配与激励机制	制定合理的利益分配方案，激发加盟商的积极性和忠诚度；同时，建立激励机制，鼓励加盟商创新和发展

5.3　实现协同发展的关键策略

品牌与加盟商协同发展的关键策略如表12-5所示。

表12-5　实现协同发展的关键策略

序号	关键策略	具体说明
1	建立有效的沟通机制	品牌方与加盟商之间应建立有效的沟通机制，定期交流经营情况、市场信息和经验教训。这样有助于增进彼此的了解和信任，促进协同发展
2	制定统一的战略规划	品牌方应制定统一的战略规划，明确发展方向和目标。各加盟店应根据战略规划调整经营策略，形成合力推动品牌发展

序号	关键策略	具体说明
3	加强培训与支持	品牌方应加强对加盟商的培训和支持，提高其经营能力和管理水平。通过培训和支持，可以确保各加盟店能够按照品牌的标准和要求进行经营，实现协同发展
4	资源共享与协同	品牌方与加盟商建立紧密的合作关系，实现资源共享和协同发展。通过共同采购、联合营销等方式，降低成本，提高市场竞争力
5	创新与发展	品牌方应不断关注行业动态和消费者需求变化，积极创新产品和服务，以满足市场的不断变化。同时，探索新的市场机会和扩张路径，实现品牌的持续发展

案例分享

"××洗车"连锁店始创于20××年，以提供高效、环保、专业的洗车服务为核心竞争力。起初，"××洗车"只是一家小型洗车店，但凭借其卓越的服务质量和创新的经营理念，逐渐在市场上崭露头角。随着业务的不断发展和客户需求的日益增长，"××洗车"开始了其持续发展与扩张的旅程。

1.初期发展与品牌建设

在创业初期，创始人沈先生注重提升服务质量和客户满意度，建立了完善的服务流程和培训体系。他引入先进的洗车设备和环保洗车液，确保洗车过程既高效又环保。同时，"××洗车"注重员工培训和激励，打造了一支专业、热情的团队。这些努力使得"××洗车"的口碑逐渐提升，吸引了越来越多的客户。

随着业务的增长，沈先生意识到品牌建设的重要性。他注册了商标，设计了独特的品牌标识和店面形象，并在市场上进行了一系列的品牌宣传活动。这些努力使得"××洗车"的品牌知名度逐渐提升，为后续的扩张打下了坚实的基础。

2. 扩张策略与实施

（1）特许经营模式。"××洗车"选择了特许经营作为主要的扩张模式。沈先生制定了详细的加盟条件和加盟政策，包括资金要求、店面选址、经营管理等方面。他通过广告宣传、招商展会等渠道积极寻找合适的加盟商，并为他们提供全面的培训和支持。

在特许经营过程中，"××洗车"注重品牌形象的统一性和服务质量的标准化。所有加盟店都遵循统一的品牌标识、店面形象和服务流程，确保客户在不同店面都能享受到相同的高质量服务。同时，"××洗车"还为加盟商提供持续的技术支持和市场指导，帮助他们更好地应对市场变化。

（2）多元化服务。为了满足客户多样化的需求，"××洗车"在洗车服务的基础上，逐步拓展了汽车美容、保养、维修等多元化服务。这些新增的服务项目不仅丰富了"××洗车"的产品线，也提高了客户黏性和满意度。通过多元化的服务，"××洗车"进一步巩固了其在市场上的地位。

（3）技术创新。在科技日新月异的今天，"××洗车"不断引入先进的洗车技术和设备。例如，他们引进了智能洗车机器人和无人值守洗车系统，提高了洗车效率和服务质量。同时，"××洗车"还注重数据分析和客户反馈的收集，不断优化服务流程和产品质量。

3. 成果与展望

经过几年的持续发展与扩张，"××洗车"已经成为一家拥有数十家连锁店的知名洗车品牌。他们的服务覆盖了多个城市，并获得了众多客户的认可和好评。

案例点评：

"××洗车"的成功不仅得益于其卓越的服务质量和创新的经营理念，更离不开他们对市场趋势的敏锐洞察和不断创新的勇气。"××洗车"密切关注市场动态和客户需求的变化，不断调整和优化服务内容和模式。这些创新举措不仅满足了客户的多样化需求，也为"××洗车"带来了新的增长点，助力其实现了持续发展与扩张。